中国反贫困的媒体行动

以中央广播电视总台的实践为例

广告精准扶贫研究课题组 著

中国传媒大学出版社
· 北京 ·

《中国反贫困的媒体行动——以中央广播电视总台的实践为例》编委会

《中国反贫困的媒体行动——以中央广播电视总台的实践为例》编写组成员

赵淑萍　田香凝　崔　林　吴　昊　蔡旻俊　王海龙

孙书礼　王淑婷　李超鹏　刘倩文　韦梦瑶　田梦园

序

以精准扶贫实际行动为脱贫攻坚战作贡献

“浩渺行无极，扬帆但信风。”以全国脱贫攻坚总结表彰大会为标志，中国脱贫攻坚战创造的奇迹彪炳史册。习近平总书记的重要讲话，深刻总结了脱贫攻坚战全面胜利的时代意义，强调了新征程上的重大任务、重要目标，对下一步巩固脱贫攻坚成果、全面推进乡村振兴作出科学部署，必将激励全党全国各族人民以更大热情、更足干劲向着实现第二个百年奋斗目标奋进。

党的十八大以来，习近平总书记亲自指挥脱贫攻坚战，并多次作出重要指示。总书记强调：“脱贫攻坚工作行百里者半九十，越到紧要关头，越要坚定必胜的信念，越要有一鼓作气攻城拔寨的决心。”作为党的意识形态重镇和国家广播电视台，中央广播电视总台始终坚守国家媒体的社会责任和担当，探索通过“广告精准扶贫”

等途径贯彻落实习近平总书记关于精准扶贫精准脱贫工作系列重要讲话精神，为脱贫攻坚战作贡献。

中共中央政治局委员、中宣部部长黄坤明同志对总台“广告精准扶贫”工作高度重视、充分肯定。他指出：“广告精准扶贫”能给老百姓带来实实在在的好处，能为各省区打赢脱贫攻坚战助上一臂之力。这说明我们用公益广告扶贫的这条路走对了，走通了。

实践证明，“广告精准扶贫”是总台贯彻落实习近平总书记关于精准扶贫精准脱贫工作系列重要讲话精神以及“广告宣传也要讲导向”重要指示的一次成功实践，是中央主流媒体坚持把社会效益放在首位的具体表现，也是以公益传播服务国家战略的成功探索。

习近平总书记在十九大报告中指出：坚决打赢脱贫攻坚战。让贫困人口和贫困地区同全国一道进入全面小康社会是我们党的庄严承诺。要动员全党全国全社会力量，坚持精准扶贫、精准脱贫。确保到二〇二〇年我国现行标准下农村贫困人口实现脱贫，贫困县全部摘帽，解决区域性整体贫困，做到脱真贫、真脱贫。对打赢脱贫攻坚这场战役，中央广播电视总台作为中央主流媒体负有义不容辞的责任，我们不能缺位。

“广告精准扶贫”工作取得的成绩，得益于各地省委省政府的高度重视，各地省委宣传部组织有方、统筹得力。“广告精准扶贫”是中央广播电视总台和各省区市党委政府通力合作的成果。3年多来，我们与各地党委宣传部门建立了一套系统的合作模式。中央广播电视总台提供广告播出资源和品牌营销专业支持，各地党委宣传部负责筛选农产品、组织拍摄广告片，并统筹当地企业和农户开拓销售渠道，提升售后服务。大家相互配合，努力把工作做到极致，付出了许许多多的智慧和汗水。

3年多来，中央广播电视总台从三个方面升级“广告精准扶贫”工作，不断加大扶贫力度。第一个方面，继续扩大扶贫覆盖面，在原有贵州、青海、宁夏、福建、重庆、湖南、陕西、新疆8省（自治区/直辖市）的基础上，每年增加4个以上省份。至2020年年底已有23个。第二个方面，除了公益广告，2018年开始，总台相关频道、频率、新媒体均开办“精准扶贫”专题、专栏，通过新闻、专题等多样化的节目，加大精准扶贫力度。第三个方面，在2018年7月之前投入10.414亿元广告资源的基础上，到2019年6月底，中央广播电视总台一年内再拿出10亿元以上广告资源，以加倍的投入帮助更多地区实现脱贫。

在新冠肺炎疫情发生后，总台又于2020年上半年专门拔出5亿元广告额度，发起开展“公益援鄂”行动。2021年年初，总台再次拔出5亿元额度支持湖北振兴经济。上述活动，受到各界广泛好评，也有力助推了湖北恢复经济。

征途漫漫，唯有奋斗。中央广播电视总台将深入贯彻落实习近平总书记致中央电视台建台暨新中国电视事业诞生60周年的贺信精神，自觉承担起举旗帜、聚民心、育新人、兴文化、展形象的使命任务。坚持把社会效益放在首位，落实好“广告宣传也要讲导向”的指示精神，拿出更多公益广告资源，坚持不懈、久久为功，为全面实施乡村振兴战略、巩固拓展脱贫攻坚成果作新的更大贡献。

慎海雄

2021年3月2日 北京

前 言

2018年3月中央广播电视总台组建成立，这是我国在新时代成立的唯一一家国家级主流媒体，是建设主流舆论阵地、组织重大宣传报道、推动媒体融合发展、提高国际传播水平的重要力量。自创立以来，总台不仅统筹内外宣传、整合各类资源、制作精品内容，履行着正确引导、提供服务、繁荣文化的责任，也亲身参与到国家的现代化建设过程中。

面对精准扶贫、精准脱贫的国家命题，中央广播电视总台积极发挥自身能量，快速响应国家号召，成立不到3个月就主动投入到国家精准扶贫的事业中去。2018年6月29日，在中宣部副部长,中央广播电视总台台长、总编辑慎海雄的领导下，总台召开了“广告精准扶贫”工作交流会，福建、湖南、重庆、贵州、陕西、青海、宁夏、新疆等省市自治区的宣传部部长出席会议，来自“广告精准扶贫”覆盖区域的一线扶贫干部、农户代表、农科人员参加会议。

“广告精准扶贫”旨在利用中央广播电视总台优质传播资源，为贫困地区农产品进行免费广告宣传，打造一批诸如烟台苹果、涪陵榨菜这样驰名中外的地区农产品品牌，推动地区经济发展，助力贫困人员脱贫。在“广告精准扶贫”工作交流会上，总台提出了扩大扶贫覆盖面、加大扶贫宣传推介力度、增加扶贫广告资源投入的三项重要举措，为打赢脱贫攻坚战作出更大贡献。总台在媒体精准扶贫方面展现了一个主流媒体的使命担当，树立了媒体扶贫的典型范本，并以自身新型主流媒体的公信力、影响力、传播力、引导力为重要抓手，探索出了广告精准扶贫的四个发力点：

一是总台以公信力建立责任契约。作为“国”字品牌，总台以自身的公信力为扶贫产品作担保，在广袤的中国大地上筛选出最优的扶贫产品，落实贫困地区的脱贫责任，保障消费者的权益和体验，让扶贫产业得以持续健康发展。

二是总台以影响力推动层级辐射。总台整合了电视频道、电台频率以及公众号等传播资源，并联合各地方媒体，创造了“一个中心、多个支线”的“1+N”全媒体传播矩阵。通过不同行政层级、不同媒体平台的联动拓宽了扶贫产品的覆盖范围，最大限度发挥了扶贫广告的帮扶作用。

三是总台以传播力带动经济效益。总台打造出一系列大格局、精制作、多元立体的传播内容，一方面帮助贫困地区的农产品打开了知名度和美誉度，擦亮农产品的特色名片；另一方面也通过优质农产品的宣传反哺了主流媒体的品牌价值。

四是总台以引导力创造价值共识。总台通过在农产品广告的影像叙事中融入勤劳质朴、绿色生态、共同奋斗、家国精神等时代主流价值，激发着贫困地区的脱贫决心，也召唤着社会成员的责任感，让全社会形成情感连带和价值共识。

责任共同体、行动共同体、利益共同体、价值共同体的创建，让总台与贫困地区建立了协作共生的关系，摆脱了“你是你，我是我”的单向发展思维，做到了经济效益与社会效益的统一，物质脱贫与精神脱贫的兼顾。以总台为核心的精准扶贫共同体系统，也让国家战略、总台使命、市场利益和农村发展得以相互融合、彼此支撑。

2020年是我国全面建成小康社会的目标实现之年，总台广告精准扶贫的模式经验，不仅助力了脱贫攻坚战的全面收官，也有助于未来继续推动我国的乡村振兴。通过本书，让我们细细讲述一下中央广播电视总台“广告精准扶贫”这条路是怎样走对了、走通了。

目　录

第一章
攻坚：贫困的全球命题与中国脱贫战略

第一节 全球命题：人类与贫困的持续斗争

在科索沃和苏丹，由资源匮乏而导致的饥饿是人们生活的天然组成部分；在巴西的亚马逊，随着热带雨林的消失，当地土著为了争夺肥田而冲突不断；即便在当今经济最发达的国家，底层社区也在经历着高犯罪率、高失业率……全球时时刻刻都在上演着关于贫困的故事，贫困自古至今都是难以根除的顽疾，消除贫困对人类有着重大意义。

对个体而言，消除贫困是最基本的人权要求。绝对的贫困是对个人生存权的直接剥夺，在生产力不断发展的今天，全球仍有7亿多极端贫困人口，他们没有获得免于饥饿的权利，无法满足基本的生存需求。同时，贫困又不仅仅止于吃饱、穿暖，它也阻碍着个人发展权的实现。如果人们没有充分的物质保障，其发展的机会和空间就无从谈起，就难以过上有尊严、有意义、有选择的生活。

对于社会而言，消除贫困是可持续发展的必由之路。越是贫困的地区，生产生活方式越为落后，对自然资源的利用效率越低，长此以往，将破坏生态系统的平衡。更重要的是，贫困意味着科技文化得不到发展，国民教育得不到保障。英国经济学家哈比森指出，“如果不能发展人民的技术和知识，就不能发展任何别的东西”。群体精神的贫困化，会限制整个社会的发展能力和发展潜力，从而制约当代乃至后代的福祉和利益。

对于全世界而言，消除贫困是构建人类命运共同体的重要议题。作为一场“无声的危机”，贫困是地区冲突、恐怖主义和生态破坏等问题的重要根源。贫穷引发动荡，动荡加剧贫穷，成了在许多发展中国家恶性循环的怪圈。而随着全球联系的不断深入，一个国家的内部矛盾也会波及其他国家。这意味着，贫困造成的结果是全球性的，消除贫困不仅仅是道义问题，更是实现全球和平稳定的核心，只有世界各国通力合作、共同应对，才能让全人类共享世界发展的成果。

多年来，国际社会一直在为消除贫困进行着积极努力。1945年，联合国在建立之初就将“消除贫困”写进了《联合国宪章》，为第二次世界大战后的世界发展指明了方向。1992年，联合国决定将每年的10月17日定为“国际消除贫困日”，意在进一步引起世界各国对贫困问题的重视。2000年，在联合国千年峰会期间，来自189个国家的首脑共同签署了《千年宣言》，郑重承诺在2015年之前将全球贫困总人口减少一半。《千年宣言》提出的15

年间，全球极端贫困人口从19亿下降到8.36亿，初步减贫目标得以实现。在此基础上，联合国在2015年正式通过了《2030年可持续发展议程》，提出了到2030年在全世界范围内消除极端贫穷的新目标。

在目标推进的过程中，国际社会也从未停止过对贫困治理模式的探索。一方面，国际机构和组织致力于全球范围的扶贫工程，联合国开发计划署负责为成员国提供建议、培训和政策指引，世界银行则向低收入国家提供优惠贷款和赠款。另一方面，各个国家也在根据自身的贫困问题采取相应的反贫行动，欧美发达国家主要通过完善社会福利和社保体系来向贫困群体进行补贴，亚非拉等发展中国家则更多地通过制订国家层面的特别计划来推动贫困问题的解决。

然而，全球贫困治理仍然不容乐观，根据联合国《2015年千年发展目标报告》的分析，千年发展减贫目标要得以实现，主要依靠中国，而其他国家仍然面临着减贫速度放缓、内生发展动力不足、治理能力欠缺等问题。作为发展中的人口大国，中国是背负贫困历史包袱最重的国家，也是减贫成效最为引人注目的国家。习近平总书记曾强调，要致力于为全球减贫事业“提出中国方案，贡献中国智慧”。受贫困问题困扰的国家，也迫切希望学习中国的扶贫“真经”。

第二节　中国贡献：精准扶贫的方略与举措

消除贫困、改善民生、逐步实现共同富裕，是社会主义的本质要求。新中国成立以来，我国政府高度重视贫困问题，先后制定了一系列政策方针举措。

从新中国成立初期到改革开放前，我国的扶贫工作主要以小规模的救济式扶贫为主，以及时满足贫困群众最基本的生活所需。十一届三中全会后，党的工作重心转移到经济建设上来，率先开始在农村地区实行家庭联产承包责任制，以激发人民群众的生产积极性，解放社会生产力。为了进一步缩小区域发展差异，1986年，我国成立了国务院贫困地区经济开发领导小组，通过制度规划来指导扶贫工作，确立了第一批国家级贫困县，支持贫困区县利用当地自然资源进行开发性生产建设。进入21世纪后，我国贫困人口分布已经从大而集中转化为小而分散的状态，为了更好地瞄准贫困人口，我国开始推进村级扶贫政策，确定了“扶贫到户”的工作责任制。

回顾这一系列举措，可以看到，我国的扶贫政策体现出“从救济到开发、从粗放到精细”的趋势特征。正是得益于对扶贫工作的纵深推入，按照人均纯年收入2 300元（2010年不变价）的标准，我国贫困人口从1978年的7.7亿减少到了2015年的5 575万，创造了世界脱贫历史的奇迹。但同时，这剩下来的5 000多万贫困人口，属于减贫工作中底子最薄、条件最差、难度最大的“硬骨头”。对此，在2016年7月20日召开的东西部扶贫协作座谈会上，习近平总书记发出总攻令：“扶贫开发到了攻克最后堡垒的阶段。”

为了确保“到2020年，稳定实现扶贫对象不愁吃、不愁穿，保障其义务教育、基本医疗和住房”的总体目标，我国探索出了一条有中国特色的精准扶贫之路，进一步将扶贫方式从“大水漫灌”向“精确滴灌”转变。精准扶贫既要求通过有效手段实现对扶贫对象的精准识别，也要求扶贫责任人、责任单位和责任地区同扶贫对象精准结对，形成因地制宜的精准帮扶体系，同时还要通过精准的考核方式来保证实施效果。换句话说，精准扶贫就是要解决“扶持谁”“谁来扶”“怎么扶”和“怎么退”这四个问题。

具体而言，我国精准扶贫的战略思路体现在如下几方面：

首先，构建“三位一体”的扶贫大格局。扶贫开发从来不是一个地区、一个单位、一个人的事，它需要动员全党全国和全社会的力量。我国高度重视形成社会合力对扶贫攻坚的重要作用，提出要让专项扶贫、行业扶贫和社会扶贫三大扶贫主体相互协同，即在政府政策的引导下，坚持按照市场化运作的方式推动消费帮扶，同时引导各级社会组织对接地区扶贫需求，将政府机制、市场机制和社会机制有机地结合起来。

其次，激发贫困地区的内生动力。无论是全球的贫困治理经验，还是我国的扶贫工作经验都已经证实：单纯送钱、送物的“输血式”扶贫是一种不可持续的援助模式。贫困地区的脱贫致富不能等、靠、要，而要自力更生谋求发展。曾有官员在地方调研时发现，某县拥有古茶树园十几万亩，但却由于当地农户缺少现代农业种植技术，不掌握市场信息，没有建立销售渠道，缺乏品牌意识而始终陷于贫困。可见，脱贫是内外因共同作用的结果，它不仅要求调动外部力量扶持，更要激发内生动力，因地制宜、对症下药，开发适合各地的特色产业，让贫困群众拥有可以傍身的一技之长，才能确保脱贫不返贫。

最后，注重开启民智，达到精神脱贫。一时的贫穷并不可怕，可怕的是头脑的贫困，是“愚”和“穷”的恶性循环。在一些偏远地区，贫困群体不具备脱贫致富的身心志向，依然固守着陈规陋习，将扶贫猪崽送上餐桌,在婚丧嫁娶上搞排场、攀比的现象屡有发生。习近平总书记早在《摆脱贫困》一书中便指出，“扶贫先要扶志，要从思想上淡化贫困意识”。这意味着，只有摆脱思维上的帮扶依赖，才能真正开发致富智慧。为此，除了要大力发展文化教育、加强技术人才培训外，媒体的宣传引导也不可或缺。

总而言之，扶贫是一项需要全社会参与的系统工程，我们的媒体作为党和人民的喉舌，也应当为如期实现脱贫目标贡献力量。为了走好脱贫攻坚的最后一公里，媒体亟待发挥自身优势来创新扶贫模式，成为扶贫工作中的发起人和参与者，成为汇集社会力量的平台和纽带。

链接 **习近平总书记的扶贫思想**

“消除贫困、改善民生、实现共同富裕，是社会主义的本质要求，是我们党的重要使命。”

——2015 年 6 月 18 日，习近平总书记在贵州召开的部分省区市党委主要负责同志扶贫攻坚座谈会上的重要讲话

“扶贫开发推进到今天这样的程度，贵在精准，重在精准，成败之举在于精准。”

——2015 年 6 月 18 日，习近平总书记在贵州召开的部分省区市党委主要负责同志扶贫攻坚座谈会上的重要讲话

链接 习近平总书记的扶贫思想

“脱贫攻坚已经到了啃硬骨头、攻坚拔寨的冲刺阶段，必须以更大的决心、更明确的思路、更精准的举措、超常规的力度，众志成城实现脱贫攻坚目标，决不能落下一个贫困地区、一个贫困群众。”

——2015 年 11 月 27 日，习近平总书记在中央扶贫开发工作会议上的重要讲话

“脱贫攻坚必须坚持问题导向，以改革为动力，以构建科学的体制机制为突破口，充分调动各方面积极因素，用心、用情、用力开展工作。”

——2015 年 11 月 27 日，习近平总书记在中央扶贫开发工作会议上的重要讲话

“扶贫不是慈善救济，而是要引导和支持所有有劳动能力的人，依靠自己的双手开创美好明天。”

——2015 年 11 月 27 日，习近平总书记在中央扶贫开发工作会议上的重要讲话

“脱贫致富不仅仅是贫困地区的事，也是全社会的事。”

——2015 年 11 月 27 日，习近平总书记在中央扶贫开发工作会议上的重要讲话

“消除贫困是人类的共同使命。消除贫困依然是当今世界面临的最大全球性挑战。我们要凝聚共识、同舟共济、攻坚克难，致力于合作共赢，推动建设人类命运共同体，为各国人民带来更多福祉。”

——2015 年 10 月 16 日，习近平总书记在 2015 减贫与发展高层论坛的主旨演讲

第三节　总台使命：主流媒体的责任与担当

2014年召开的中央全面深化改革领导小组第四次会议不仅将“媒体融合”上升为国家战略，习近平总书记还明确提出要“着力打造一批形态多样、手段先进、具有竞争力的新型主流媒体”。这意味着，在新媒体环境下，传统媒体要积极融入信息传播的新格局，强化自身的话语权与影响力，更好地参与现代化的国家治理。新型主流媒体作为凝聚社会共识的纽带和维系社会稳定的桥梁，承担着上情下达、下情上传的关键角色，同时也是参与国家现代化建设的重要社会力量，维护着国家的长治久安。

2018年3月，中共中央印发《深化党和国家机构改革方案》，并发出通知组建中央广播电视总台（后文有时简称“总台”），撤销中央电视台（中国国际电视台）、中央人民广播电台、中国国际广播电台建制。作为在新时代成立的唯一一家国家级媒体，中央广播电视总台自建立之初就积极响应脱贫攻坚的时代号召，2018年6月29日，总台召开了“广告精准扶贫”工作交流会，中宣部副部长、总台台长慎海雄率领全台领导与八个省市自治区的常委、宣传部部长召开工作交流会，共同探讨媒体扶贫的经验和效果，并全方位、多层次、多角度地探讨了“广告精准扶贫”的新思路、新办法。

在这次会议上，慎海雄台长提出，为了进一步贯彻习近平总书记精准扶贫重要战略思想以及“广告宣传也要讲导向”的指示精神，总台将全面加大“广告精准扶贫”的扶贫力度：一是增加合作省份，扩大扶贫覆盖面；二是整合总台的频道、频率和新媒体渠道，增强扶贫宣传推介力度；三是将公益广告扶贫额度翻一倍，加倍投入广告资源以助力贫困地区脱贫。

总台“广告精准扶贫”工作交流会现场

2018年10月26日，“中央广播电视总台广告精准扶贫及国家重大工程公益传播项目签约仪式”在京举行。参照国务院扶贫办公布的全国连片特困地区分县名单，总台确定内蒙古自治区、甘肃省、湖北省、西藏自治区、江西省为“广告精准扶贫”项目新增合作省份，进一步扩大了项目的影响力。

总台“广告精准扶贫”项目签约现场

在签约仪式上，慎海雄台长表示，“广告精准扶贫”项目将着力在精准上下功夫，确保扶贫对象、广告内容、传播受众三精准，拿出更多广告扶贫资源，坚持不懈、久久为功，助力2020年我国现行标准下农村贫困人口实现脱贫，如期打赢脱贫攻坚这场硬仗。

总台台长慎海雄在项目签约仪式上发言

在总台的支持下，“广告精准扶贫”项目在2018年拉开了新的篇章，从2016年中央电视台发起的一项媒体参与精准扶贫的公益试验，正式成为一场惠及全国的媒体扶贫行动，这也是总台把社会效益放在首位的创新成果和重要举措。经过几年的深入实践，“广告精准扶贫”项目的影响范围和实施效果也不断升级：

首先，项目覆盖面不断扩大。在总台的带动下，项目合作省份（自治区、直辖市）从2017年的4个增加到2018年的13个，2020年增加到22个。截至2020年5月25日，项目已经辐射到超过

332个贫困县，惠及155万贫困户、540万贫困人口，更多地区和群众得以从中受益。

其次，融合传播矩阵不断拓展。借助总台的新平台，电视频道、电台频率以及新媒体等资源得以整合，央视的扶贫广告播出频道从5个扩展到了15个，同时，中央人民广播电台、中国国际广播电台以及相应的新媒体矩阵也对扶贫广告进行了同步推介，实现了全方位的媒体帮扶。

最后，广告资源投入持续增加。随着攻坚总目标的临近以及项目运行模式的成熟，总台对于广告资源的投入逐年增长。在2018年到2019年的扶贫年度，总台拿出了共计20亿元的公益广告资源，进一步增加了播出频次和时长，涵盖了屏幕、频率和新媒体的多元资源价值。项目实施以来，共推荐贫困地区农副产品128种，累计投入屏幕时间99 957分钟，广播频率广告9 033分钟，资源刊例总价值达64.06亿元。

据不完全统计，在总台对“广告精准扶贫”项目的助推下，2019年已有47个县退出贫困县序列，有力带动了16万贫困户55万人口脱贫。这一成果在推动当地扶贫产业的发展的同时，也验证了这一媒体扶贫新模式是行之有效的。

“广告精准扶贫”项目的成功，归根结底在于总台对我国精准扶贫战略思路的高度呼应和积极实践：

在“三位一体”的扶贫大格局下，总台作为承担着时代使命的大国媒体，自觉落实着自身的主体责任，打通了媒体、政府和市场的关键节点，形成了“政府引导、媒体搭台、市场唱戏”的良性合作方式。在项目实施过程中，总台与地方党政机关紧密合作，精准对接，精心筛选推介产品，推动了贫困地区的产品和服务融入全国大市场。

同时，总台也在发挥自身公信力高、传播力强、影响力大的优势，激发贫困地区的内生动力。许多贫困地区的农副产品和特色经济作物"养在深闺人未识"，再加上信息和交通不够便利，使得产品输出受到了影响，也就让农民增收打了折扣。总台通过全方位、多频次、高强度的推介宣传，让地方产品和服务广为人知、成为品牌，在为当地带来短期经济效益的同时，也带动了当地的投资信心，使产品种植、加工、销售乃至采摘旅游的产业链条逐渐形成，一二三产业相融合，助力当地建立起自力更生的长效脱贫机制。

作为整个社会的价值导向标，总台更是坚持通过精准扶贫广告去传递主流价值，引导当地群众脱贫致富的信心和决心，培养消费者的爱国精神。扶贫广告叙事中流露着勤劳质朴、务实肯干的价值理念，提振着贫困群众攻坚克难的志气。同时，上百种农产品的美和它们出产地的风光美，也都通过总台的平台传达到了千家万户，触动着广大受众的家国情怀。

在总台的引领下，"广告精准扶贫"项目开创了具有中国特色的媒体扶贫道路，该项目不仅成为全国媒体开展扶贫工作的表率，也为世界减贫工作贡献着智慧。总台的积极探索和实践，也显示出我国新型主流媒体的责任与担当。它们是时代舆论导向的指引者，是文化传播的主力军，是经济社会发展的助动力。

第二章
嵌入式共生：国家媒体扶贫的关系共同体

精准扶贫是在党的领导、政府主导、市场机制联动下的一种包括贫困对象自身在内的“全员式参与”模式。党和政府以及企业、社会和媒体等多方力量逐步形成了一个责任共治、行动共进、利益共生、价值共识的嵌入共生结构。在这种结构中，政府的作用由主导逐步转为引导和参与，贫困群体脱贫由被动逐步变成主动，市场机制或从无到有或由弱到强，社会参与由原来的多方参与变为全员参与。

第一节 责任共治

贫困问题既是经济问题，又是社会问题。贫困表现为部分人群处于绝对低收入和相对低收入的水平。究其原因，一方面是由于经济总体发展水平所导致的一次收入分配的总体性不足，另一方面是诸多社会问题所造成的二次分配不公平的结构性差异。解决贫困问题，既要提高经济发展的总体水平、提高国民的整体福祉，又要通过多种具体的举措来缩短收入分配的差距，解决部分人口的贫困问题。

从经济发展的角度来看，经济的发展逐步从国家力量主导向国家与社会力量共同主导演进，国家与社会形成了协同共生的合作关系。尤其是在扶贫方面，仅仅依靠市场的力量，会使天然处于劣势地位的贫困地区无法获得市场的青睐，从而造成更大的贫困差距，一些干预是必要的。匈牙利社会思想家、经济史学家卡尔·波兰尼曾提出“嵌入性”的概念，用于分析人类经济行为与非经济的社会关系和社会结构之间的互动关系。在他看来，经济并非像经济理论中说的那样是自足的，而是从属于政治、宗教和社会关系的。与经济嵌入社会关系相反，社会关系被嵌入经济体系之中。[1]换言之，政府既要通过“看得见的手”来主导扶贫，又必须使其政策、资源和服务以标准化公共产品的形式嵌入社会，否则会抑制原有的社会力量。

从社会治理的角度来看，随着经济的发展和社会的分化，我国的社会治理模式也在逐步演进，从政府单一治理走向政府、社会、民众共同治理的模式。党的十九大提出要“打造共建共治共享的社会治理格局”，十九届四中全会又进一步提出要“坚持和完善共建共治共享的社会治理制度”，社会治理逐渐从自发走向自觉、从局部性的地方探索实践转向全局性的国家顶层设计。换言之，从国家出发的社会治理，不能没有社会的参

① 波兰尼.大转型：我们时代的政治与经济起源[M].冯钢，刘阳，译.杭州：浙江人民出版社，2007：25.

与和支持。同样，从社会出发的社会治理，不能没有政府的参与和引导。[①]

无论是社会共治模式，还是嵌入式社会关系，都在告诉我们，扶贫需要多元主体协同共进，需要政府、媒体、企业、民众等多方力量的责任共治。精准扶贫是多元主体协作的过程，而国家媒体作为媒体机构的重要代表，嵌入社会和社区，成为政府治理和居民自治的桥梁和良性黏合剂，发挥媒体特有的调节作用。

例如，2019年，中央广播电视总台广告扶贫团队成员先后走访了贵州、江西、湖南、福建、重庆、宁夏等10余省份（自治区、直辖市）的50多个县（市、区）。团队成员根据调研实际情况，制定了《中央电视台广告扶贫管理办法》。该办法从扶贫对象界定和广告扶贫政策细则两个主要方面对“广告精准扶贫”项目进行了全面阐释，为项目落地实施提供政策保障。团队成员为协调当地产品的认证、销售等工作，经常组织政府职能部门、行业协会、农户代表参加的座谈会，召开展品推介发布会，为每个地区提供实操路线图，实现扶贫效果最大化。

2020年扶贫进入决战期，对实现国家媒体扶贫关系共同体提出了新的要求：传统的扶贫模式遇到了较大瓶颈，因此需要国家媒体和贫困地区之间进行一个较强的连接，以实现社会调节和居民自治的良性互动。

---

① 林尚立.社会协商与社会建设：以区分社会管理和社会治理为分析视角[J].中国高校社会科学，2013(7).

第二节　行动共进

在责任共治的模式下，政府、企业、媒体、民众等多方力量构成了一个责任共同体。在具体的扶贫实践中，需要这些主体共同行动。这里的共同，既指时间上同时发生，也指关系上互相嵌入。

一方面，现代社会是一个互动更加紧密的社会，社会资源互相嵌入，相互勾连。扶贫中信息的交流、资源的分配、资金的流动、商品的交换，都需要不同的社会主体之间进行配合才能完成。另一方面，经济的跨区域合作、跨平台合作、跨领域合作越发成为一种趋势，仅仅靠单一的主体来完成扶贫越发不可能。2015年10月16日，习近平总书记在“2015减贫与发展高层论坛”上就强调，“要广泛动员全社会力量参与扶贫”。由政府主导，多方力量共同参与的扶贫模式逐渐形成。

再一方面，只有行动上共进，关系上嵌入共生，才能落实精准扶贫的“精准”二字，防止返贫现象的发生，确保扶贫效果的真正实现。

赞比亚裔美国经济学家丹比萨·莫约在其著作《援助的死亡》(*Dead Aid*)中明确指出，过去数十年西方主导下的国际社会对非洲的援助政策不但无效，而且造成了非洲发展的失败。其原因是，西方世界的援助是带有支配性和居高临下的恩赐性的，这种援助使非洲对西方形成了严重的依赖，从而丧失了发展市场和市场主体的活力。这提醒我们，单一的资金援助是无法改变贫困的现状的，反而会形成抑制效果。必须使贫困户通过生产、经营等行为嵌入经济和社会运行的系统中，形成稳固的关系，才能确保贫困户的良性发展。

因此，行动上的共进不仅仅是一种力量结合，更是一种关系上的配合。只有将扶贫嵌入经济系统中，将贫困户嵌入社会共同体中，才能彻底拔掉穷根，带领贫困户走上致富路。

在具体扶贫项目中，这种行动共进的模式已经付诸实践。在政府层面，中央广播电视总台“广告精准扶贫”团队多次与中央、地方政府领导沟通探讨，集思广益，激发地方积极性，确保上下一条心。在媒体层面，中央广播电视总台一方面整合内部频道及平台资源，形成强有力的扶贫宣传中心矩阵，另一方面也发挥媒介间议程设置优势，带动地方媒体进行联动传播，使传播深入各级毛细血管，打通扶贫宣传的“最后一公里”，形成“一个中心、多个支线”的“1+N”传播模式。

例如，中央广播电视总台在2018年6月29日召开的“广告精准扶贫”工作交流会上，8个省份和自治区的常委、宣传部部长亲自与会，与总台共同探讨“广告精准扶贫”的实施效果与合作前景，这充分体现了总台强大的号召力和动员力，以及各地党委、政府对“广告精准扶贫”项目的高度重视。2019年，总台还组织了贵州、广东等地的多次省际扶贫项目经验交流，推动打通扶贫产品的市场、网络销售通路，带动扶贫品牌的营销工作。在北京、上海、长春、重庆等地的9场发布会中，总台共邀请各政府部门领导50多位，其中，省部级领导6位，厅局级领导10位，县处级领导30多位。通过加强与各省（自治区、直辖市）政府部门互动合作，“广告精准扶贫”项目落地生根，影响力不断加大，扶贫效果明显提升。

中国自古以来就有“人心齐，泰山移”的说法。脱贫致富不仅仅是贫困地区的事，也是全社会的事。中央广播电视总台作为国家级媒体，充分发挥自身的媒体特色，成为政府、社会和贫困地区的桥梁和纽带，调动各方力量，促成了政府、社会和贫困地区的良性互动机制。通过行动共进，协作互助，打造了全方位、多层次的扶贫闭环，帮助贫困地区真正受益，共享发展成果。

第三节　利益共生

复旦大学胡教授守钧在《走向共生》一书中提出：“社会共生论以人人平等为前提，每个人生而平等。个人之间有不同利益，团体之间有不同利益，阶级之间有不同利益，当然有冲突有竞争，但是冲突和竞争并不是要消灭对方，而是以共生为前提。”[①]事实上，我们每一个人都生活在共生网络里，社会由各个层面的共生系统所组成，要达到和谐共生，社会各利益主体就要在合理的“度”之内分享经济、政治、文化资源。

事物之间的共生性是国家媒体扶贫的底层逻辑。以中央广播电视总台为代表的国家媒体，在扶贫过程中不仅关注了贫困地区的个体需求，还将媒体自身平台作为扶贫产品的宣传阵地，与基层建立利益共同体关系，让参与扶贫工作的多方社会力量在协调合作中实现共赢。

首先，对于贫困地区而言，中央广播电视总台“广告精准扶

① 胡守均．走向共生[M].上海：上海文化出版社，2002：22.

贫”项目的广告推介与社会联动，不仅带动了当地产品和服务的销量，而且推动了当地的产业升级，实现了“以农促工、以农带旅”的联动发展，让贫困地区的群众收获了切实的经济利益。

据不完全统计，在“广告精准扶贫”项目的助推下，内蒙古的科左后旗、扎鲁特旗、开鲁县、武川县、喀喇沁旗、巴林右旗、宁城县、松山区、克什克腾旗、察右后旗、凉城县、苏尼特右旗、多伦县、扎赉特旗、科右中旗，贵州的凤冈县、湄潭县、兴仁县、盘县（现盘州市）、麻江县，湖南的炎陵县、江永县，宁夏的盐池县，重庆的开县、巫山县、奉节县等贫困县宣布摘帽，重庆石柱县贫困县退出实地评估检查，正在履行有关退出程序；陕西周至县、延川县、米脂县通过县级自查自评、市级核查、省级贫困县退出专项评估检查，符合贫困县退出标准，退出贫困序列。

其次，对于国家媒体而言，参与扶贫工作不但能巩固媒体的公信力与影响力，收获社会效益，还能提升媒体自身的品牌价值与美誉度。中央广播电视总台的“广告精准扶贫”项目便实现了经济效益与社会效益的有机统一，使总台与贫困地区实现了利益双赢。

“广告精准扶贫”项目从2016年9月正式实施以来，得到了中央领导以及广大干部群众的高度认可。中共中央政治局常委、国务院副总理韩正，中共中央政治局委员、国务院副总理胡春华，中共中央政治局委员、中央书记处书记、中宣部部长黄坤明，国务委员、国务院党组成员王勇等都作出重要批示，要求坚持做好“广告精准扶贫”项目，并对项目的实施给予高度肯定。在2017年10月20日举办的中国公益广告黄河奖颁奖典礼上，“广告精准扶贫”项目获得了“中国公益广告突出贡献奖”。2017年11月4日，中央电视台《新闻联播》也对项目进行了详细的报道，为“广告精准扶贫”项目点赞。与此同时，《人民日报》海外版、《光明日报》《经济日报》、人民网、新华网、光明网、中国经济网等中央主流媒体也多次对项目进行报道。

“广告精准扶贫”项目有力提升了贫困地区农产品的市场竞争力，对推动贫困地区农特产品销售、促进贫困群众增收脱贫发挥了积极作用。同时，它也让中央广播电视总台在履行社会责任的同时积累了品牌声誉和无形资产。更进一步讲，通过资源的有效配置，这一项目也助力了全国人民同贫困地区的“互联互通”，为消费者购买优质农特产品和相关服务提供了便利。可见，“广告精准扶贫”项目在中央广播电视总台、地方政府、贫困地区乃至全国消费者之间搭建了一个共同发展的利益平台，进一步打通了产业扶贫、精准脱贫的关节点。

第四节　价值共识

习近平总书记在多种场合多次强调，“人穷志不能短，扶贫必先扶志”。扶志就是扶思想、扶观念、扶信心，帮助贫困群众树立起摆脱困境的斗志和勇气。中央广播电视总台的扶贫工作也在积极传播“扶志”的价值理念，努力让贫困人口树立脱贫意识，提高自己的生存技能，转变“等、靠、要”的观念，实现价值共识。

在我国社会中，尽管不同的价值主体有各自的价值追求，但更应有共同的价值理想。[1]为此，一方面，就价值主体内部而言，要通过交流、对话、协商、合作等方式达成价值共识；另一方面，也要激活价值主体的外部力量，通过媒体的思想教化、优秀文化的宣传等方式推动价值共识。

中央广播电视总台作为国家级主流媒体，肩负着“成风化人、凝心聚力”的使命与责任，先进科学思想的教化、优秀民族文化的宣传始终是其重要的传播内容。近年来，《中国诗词大会》《朗读者》《中国舆论场》等多档文化类节目陆续开播，节目虽无大牌明星、流量鲜肉，但是仍然火爆荧屏，不仅收视和关注度居高不下，还赢得了观众的如潮好评，有力地引导了民众对中国传统文化的关注，有力地传播了中国传统文化中优秀的核心思想和理念，并形成了社会中一股强劲的向优秀传统文化汲取成长力量的热流。

在广告扶贫工作中，中央广播电视总台除了进行产品宣传外，也积极贯彻落实习近平总书记“广告宣传也要讲导向”的指示精神，注重发挥主流媒体的价值引领作用，打造了一大批立意高远、内涵深厚、制作精良的高品质扶贫广告，助推在全社会形成关于扶贫的价值共识。总台借助扶贫公益广告传达勤劳、开创、爱国等价值理念；在影像符号中，融入家国情怀、美好河山、民族风情等一系列符合时代主旋律的价值元素；在叙事角度上，通过品牌故事、人文情怀、自然生态等视角传播正能量，助推实现社会价值共识。总台的广告宣传推介不仅给贫困地区

---

① 刘景钊.转型期如何摆脱价值危机——兼论价值整合与价值共同体的建构[J].探索与争鸣，2013(1):51-54.

带来了巨大效益，更启迪贫困地区的人们正确认识贫困，提振了农户的脱贫信心和底气，让贫困人群与扶贫主体实现情感共鸣，形成全社会在扶贫工作中的价值共识，在更高、更深的层面上帮助其脱贫，确保"脱贫不返贫"。不少基层干部反映，"广告精准扶贫"真正是"帮到了点子上，扶到了关键处"。

第三章
责任共同体：以公信力建立责任契约

第一节 总台的使命自觉

一、社会使命：共同富裕的主体责任

共同富裕是中国特色社会主义的根本原则，也是全体中华儿女努力奋斗的目标。摆脱贫困、奔赴小康、最终走向共同富裕的过程，需要全社会共同参与，需要全体社会成员贡献自己的力量。

在精准扶贫的方略实施后，中央机关事业单位、国企、高校等重要的社会主体纷纷投入扶贫实践。这些单位掌握着一定的社会资源，成为扶贫的重要力量。这一举措是中国特色扶贫开发事业的重要组成部分，也是中国政治优势和制度优势的重要体现。近年来，这些社会主体为扶贫做了不少工作，取得了积极成效。

中央广播电视总台作为国务院直属单位，是国家级主流媒体机构，也是参与中国现代化建设的重要社会力量，理应成为扶贫攻坚的重要主体。同时，总台拥有丰富的社会资源，在信息沟通、企业沟通、政府沟通方面有着明显的优势，在扶贫事业中能够发挥出其他单位不可替代的作用。

因此，在共同富裕伟大事业中，在扶贫奔小康的道路上，中央广播电视总台要发挥好主体优势，做好带头示范作用。这是中央广播电视总台作为一个社会主体的社会使命。

二、媒体使命：经济发展的支撑力量

改革开放以来，随着社会主义市场经济的发展，我国媒体也开始参与到经济建设过程中。具体来说，媒体不仅要作为社会航船的“瞭望者”观察经济发展的动态，同时要发挥信息服务的作用，满足各行各业对信息的需求。更为直接的是，媒体可以通过广告宣传推动经济的发展。

在过去的40多年间，央视一直是中国经济发展强有力的助推剂。中央电视台开办了专门服务经济发展的频道和栏目，例如财经频道、农业频道等，还打造出《3·15晚会》《每周质量报告》等栏目，监督经济的良性发展。此外，经由央视推广的知名品牌也不计其数。

伴随着中国社会的主要矛盾由“人民日益增长的物质文化需要同落后的社会生产之间的矛盾”转变为“人民日益增长的美好生活需要和不平衡不充分的发展之间的矛盾”，中国的经济发展从总体落后的局面演变成区域不平衡、部分地区发展落后的现状。2014年12月9日，中央经济工作会议指出："目前我国经济形态正在往更高级阶段演化，社会分工、经济结构也在逐渐优化适应社会发展，同时，经济发展步入新常态。"

2018年3月，中央电视台与中央人民广播电台、中国国际广播电台整合为中央广播电视总台。整合后的总台进一步调动了相关频道、频率、新媒体，开办了"精准扶贫"专题、专栏，通过新闻、专题等多样化的节目来推动贫困地区的经济发展。

面对经济发展的新情况、新问题、新矛盾、新现象，总台既要延续媒体在经济发展中的作用，又要有所创新、有所突破。尤其要为发展薄弱的区域提供重要的支撑，为精准扶贫方略贡献力量，这是总台作为国家级主流媒体的使命。

三、广告使命：精准扶贫的信息纽带

2013年11月，习近平总书记到湖南湘西考察时首次作出"实事求是、因地制宜、分类指导、精准扶贫"的重要指示，中国开始了以"精准扶贫"为核心的新一轮扶贫实践。此时，一方面，中国的扶贫工作进入深水区，仍处于贫困状态的人口所面临的问题更加艰巨和复杂；另一方面，随着扶贫理论和技术的提升，扶贫从大水漫灌模式走向精准滴灌模式，需要更加智慧和科学的手段。

精准扶贫需要精准的信息对接、产购销对接，广告则能够满足这样的需求。广告作为一种商业手段，具有刺激消费、促进产销的功能。生产者的产品与消费者的购买、消费之间，在时间

和空间上都存在着距离。广告作为一种信息传播手段，能缩短这种距离，即精准地传播产销信息，引导购买消费。广告虽然不是一种直接的物质生产活动，但是可以传播商业信息，起到整合市场、促进销售、引导消费、扩大产量等作用，促进物质财富的产生和增长。随着社会的发展，广告将对社会经济发展产生更为直接、有力的作用。

而对于贫困地区来说，没有能力支付广告费用，精准扶贫公益广告就成为其必由之路。总台坚持以公益的方式，运用商业广告的手段，带动贫困地区农特产品和服务的销售。将广告和公益相结合，成为精准扶贫的重要信息枢纽，放大了国家和社会扶贫力量的效能。通过免费的公益广告为贫困地区提供精准的信息服务，推动区域产业发展，彰显了主流媒体广告人的使命与担当。

总之，总台与政府、企业、社会、贫困群众共同构成了一个责任共同体，总台的公信力、信息传播力、产品推广力成为这个共同体的重要资源。总台与其他社会力量一道助力精准扶贫，为实现共同富裕的伟大目标而努力。

总台作为国家级现代传媒航母，其所处的社会地位、媒体的使命担当以及广告人的天然职责，共同造就了总台参与精准扶贫的使命自觉。“广告精准扶贫”是总台贯彻落实习近平新时代中国特色社会主义思想，彰显主流媒体的社会责任和政治担当，践行公益传播的典型实践。

第二节 “广告精准扶贫”实践的模式

一、产品筛选：受益面优先，兼顾产购销因素

（一）筛选机制：地方选送，总台把控

“广告精准扶贫”工作从一开始就得到了各级党委和政府部门的高度重视，从总台到地方，上下齐心，共同为产品的选择出谋划策。基于此，项目组搭建了一个上下贯通、多方共商的筛选机制。

早在2016年，中央电视台便与多个扶贫省份建立了联系，确定了合作意向。在2017年的“广告精准扶贫”启动大会上，贵州省、云南省、青海省和宁夏回族自治区的省委常委、宣传部部长亲赴现场。他们的举动不仅鼓舞了广大干部群众脱贫攻坚的志气和底气，也初步搭建起了中央电视台与地方的沟通桥梁。随后，扶贫项目规模进一步扩大，得到了多个省份领导班子的支持，也覆盖了越来越多的一线扶贫干部、科技员和普通农户。

在具体执行上，由相关省（自治区、直辖市）的省委宣传部牵头，召集当地农业厅、文旅厅、工信厅、扶贫办等相关部门共同讨论，根据当地实际情况选送产品。总台给予相应的选品方向及建议，并根据播出资源和筛选原则选定最终要拍摄的扶贫产品。

（二）筛选原则：受益面优先 兼顾其他因素

1. 产品的受益面

产品的受益面是筛选产品的首要原则。项目组以扶贫为初衷和根本目的，努力在有限的广告资源内，让尽可能多的贫困户受益。团队通过考察农作物的种植规模、农户数量等基本指标，综合判断各地报送产品的受益面大小。

2. 产品的附加值

高附加值的产品有利于带动周边产业，扩大扶贫受益面。因此，产品的附加值是筛选产品的另一个参照指标。

例如，福建省武平的富硒百香果，因当地独特的气候和土壤，口味香甜，品质优良。虽然武平百香果的种植规模并不大，但其附加值高、利润大，最终被选定为拍摄对象。广告播出后，武平百香果销量大增，当地群众看到了种植百香果的发展前景，将原来种植土豆、玉米的土地逐渐改成种植百香果，百香果的产业规模进一步扩大，受益群体也随之扩大。

3. 产品的地域标签

中国地大物博，几乎每个地方都有自己的特色产品。地域标签明显的产品更容易被打造成地方品牌，形成品牌效应，促进贫困地区的经济发展。

2019年，江西省井冈蜜柚、莲花大米、赣南茶油、寻乌蜜桔、安远百香果、修水金丝皇菊、横峰葛根等特色农副产品入选

“广告精准扶贫”项目。江西省充分利用宣传片的播出机会，借梯登高，全面打造区域品牌形象。其中，江西横峰县加快葛根资源研发，每年投入科研经费200万元以上，开发出30余个系列葛根产品，让地理标志产品的价值进一步提升。此外，江西赣州市采用“母子商标”模式，将赣南茶油地理标志作为母品牌，地方企业商标作为子品牌，采用统一标准进行生产，在扩大经营规模和扶贫覆盖面的同时，也提高了赣南茶油的地方集体声誉。2019年，“赣南茶油”再次登上“中国地理标志产品区域品牌榜”，位列第46名，较2018年前进了9位。

4. 产品的仓储、物流等因素

扶贫广告多为农副产品，它们在存储和物流上相比其他产品难度更大。例如，有些产品地方特色虽然十分明显，但由于受保鲜时间短等因素的限制，无法走出大山，不具备大面积推广的物流条件，因此在选品的过程中应综合考虑推广的可行性。

二、广告制作：尊重商业广告规律，突出扶贫产品特色

由于农副产品的上市时间具有较强的时效性，因而对精准扶贫的广告制播效率有较高的要求。有时候赶上丰收季，则需要在短时内制作多支广告。此外，农副产品需要实地拍摄，易受气候、地理条件等因素的影响，这些都给广告的拍摄增加了难度。因此，总台项目组充分依靠地方的力量，探索出了一套行之有效的工作模式。

（一）广告拍摄与制作机制

在创作团队方面，总台项目组通过近两年的探索，在固定班底的基础上，逐步建立了一支遍布全国的广告制作队伍，并根据各地资源条件，形成了因地制宜的工作机制，保证扶贫广告的拍摄工作高质量完成。

其一，政企合作制。由地方宣传部牵头，和当地传媒企业合作完成扶贫广告拍摄。例如，贵州的扶贫广告由贵州宣传部牵头，由国有文化传媒企业多彩贵州网拍摄制作。

其二，官媒承揽制。由当地广播电视台负责整体的广告拍摄。例如，四川省的扶贫广告是由四川省电视台纪录片频道拍摄制作完成，而重庆市则由各地县的广播电视台自主调动团队来执行广告的拍摄工作。

其三，总台帮扶制。如果地方自主拍摄存在困难，不具备独立拍摄制作的条件，总台广告运营中心会从以往有合作基础的团队中推荐相关团队，帮助地方完成拍摄任务。

为了从总体上把控各个团队拍摄的广告质量，项目组采取了以下举措：

首先，在广告拍摄之前，整个项目组的工作人员会召开创作前讨论会，对整体广告拍摄进程进行宏观把握。各省宣传部召集农业厅、文旅厅、扶贫办等多个部门在一起开会座谈，多方多部门共同碰撞，寻找广告创意。

其次，下发《中央电视台精准扶贫广告操作须知》和代表性样片。这份手册汇集了近年来总台拍摄商业广告和公益广告的经验，并且明确了扶贫广告拍摄制作的注意事项，比如对国家地理标志产品的资质印证，对广告音频、视频和码率的标准要求，以期为拍摄提供具体的操作指南。

最后，扶贫广告宣传的不仅仅是产品，同时还宣传了各地的特色风貌。为了保证广告质量，树立良好的地方形象，各地宣传部也高度重视，会对广告质量进行严格把关。

（二）广告创作特点

1. 以产品品质为核心竞争力

精准扶贫的广告究其根本属性仍然是广告，因而在创作上首先要遵循商业广告的基本创作规律，突出表现产品的品质和特色，这也是带动产品销量的核心。一方面，总台和地方政府在选品上格外慎重；另一方面，在广告创作过程中会重点突出产品的优质、天然和区域特色。

例如，在总台播出的重庆《开县春橙》篇公益广告中，介绍了培育春橙的气候环境、土壤条件，以及春橙独特的口感，让该产品的知名度不仅节节攀升，连价格也有所提升，小小的橙子卖出了肉价钱。当地农业科技公司负责人表示，由于央视广告的推介作用，开县春橙根本不愁销路，春锦橙、春脐橙、春血橙等各类品种零售价格都有所提高。截至2019年4月底，广告播出前后，当地春橙销售净增值8 831万元，比2018年净增值增加了5 377万元，脱贫攻坚成效显著。果农的腰包鼓了，对乡村产业发展和脱贫攻坚更加充满了信心。

2. 带动区域形象提升

在精准扶贫广告的制作过程中，提升区域形象、塑造区域品牌也成为重要的落脚点。在突出刻画优质扶贫产品的同时，鲜明的区域形象特征有助于强化受众对当地产品的广泛认知，进而带动农旅品牌的联动发展。

例如，乳源瑶族自治县是广东省三个少数民族自治县之一，是典型的“老、少、边、穷”地区。为切实提高乳源区域品牌的影响力，总台将乳源瑶山茶、乳源三宝(腐竹、番薯干、笋干)、广东乳源大峡谷、南岭蔬菜、瑶绣等一系列农副产品、地理风光和人文景致进行了集体包装，为乳源县推出了一张张农旅名片，大大提高了知名度。广告播出后，不仅产品销量和旅游业有了发展，还有更多大型企业来这里进行投资与合作。

同样，自内蒙古加入“广告精准扶贫”项目以来，一些人对当地产品“低品质、粗加工”的刻板印象逐渐被打破。精准扶贫广告全方位地展示了内蒙古特有农牧产品的精细化种植、饲养模式，重塑了内蒙古系列农牧产品的品牌形象，增加了区域文化附加值。在“广告精准扶贫”项目的帮助下，兴安盟大米、锡林郭勒羊肉、通辽科尔沁牛肉等产品的销路打开了，农牧民找到了脱贫致富的“金钥匙”，同时还带动了一系列相关农旅品牌形象的提升，得到了自治区广大干部群众的一致好评。

广东乳源瑶山茶广告

内蒙古锡林郭勒羊肉广告

3. 增强情感共鸣

“精准扶贫，与爱同行”是“广告精准扶贫”的重要主题。事实上，扶贫广告在制作上十分注重内容创意和人物形象刻画，以期与受众达成情感共鸣，从而增强广告内容的社会感召力。

习近平总书记在党的新闻舆论工作座谈会上提出“广告也要讲导向”。因此，总台在精准扶贫广告的制作过程中格外重视价值观的传递和社会效益的提升。

扶贫广告的拍摄制作没有采用流量明星代言的思路，而是聚焦于贫困地区的人与物，使用真实的镜头和特写来展示当地普通人的生活状态和生活环境。农户收获的眼神、劳作的画面，当地的自然风光、民俗景观，使受众在观看的过程中不会产生违和感和距离感，更容易产生情感共鸣。

宁夏大米广告

内蒙古巴林左旗笤帚广告

这些元素的运用也体现出总台扶贫广告积极传达人文价值观的深刻用意。这些广告画面在呈现贫困地区自然风光的同时，也展示出当地人民勤劳朴素、积极向上的精神面貌。广告中的情感表达，让受众能更好地感受到贫困地区寻求发展的努力与诚意，最终将情感共鸣转化为购买行为。

三、广告播出：把握时效性，打造传播立体矩阵

（一）及时播出，紧贴产品销售时机

“广告精准扶贫”项目涉及的产品大多数是农副产品，有相应的销售窗口期，需要及时播出，否则就起不到带动销售的作用。相较于以往的广告，这类广告的播出时间要求更加精准和及时，一般要在产品上市前进行预热，在产品销售的窗口期进行集中宣传。

例如，南岭蔬菜、巫山脆李、崀山脐橙等农特产品保存时间很短。为了让消费者买到最新鲜的产品，在农产品成熟的前1—2个星期要先投放广告进行预热；在农产品成熟上市的时节，则要加大广告投放的力度，使广告的投放和产品的上市周期同步。

提前预热加集中投放的做法，可以跟紧扶贫产品的销售窗口期，使广告在产品上市的最佳时间达到最好的传播效果，使扶贫广告的收益最大化。

（二）注重时令性，动态调整播出计划

针对农副产品明显的时令性，总台“广告精准扶贫”项目组打破了传统的播排方式，结合不同地区扶贫产品上市的时节，及时调整扶贫广告的播出时间安排，对全年的广告排期进行宏观统筹。

例如，在春季重点对保靖黄金茶等茶叶类产品进行投放，在夏季对崀山脐橙等瓜果海鲜类产品进行投放，秋季对云阳阳菊等季节性作物进行重点投放，冬季对五指山五脚猪、西藏牦牛等肉类食品进行投放。这种排期既能根据季节特点进行应季产品宣传，又能更好地展示祖国各地丰富的农产品资源。

按季节时令进行统筹编播的策略，可以使总台根据扶贫产品的季节周期性规律合理分配广告资源，以保证扶贫广告播出的高效。

（三）发挥总台和各地平台资源，搭建立体矩阵传播体系

在播出平台上，总台不仅调动了其下属相关电视频道以及广播频率，在中央人民广播电台、中国国际广播电台同时播出，还发动新媒体的重要力量，在央视网开辟“广告精准扶贫”专栏专区，对广告内容进行汇总和介绍。此外，被帮扶的各地方，也在省市级卫视将广告同步进行播出，以进一步扩大广告的覆盖面。出于广告资源的分配，各省只能选拔6个农产品在总台进行宣传，而制作完成的其余扶贫广告将会在各省级卫视、车站大屏等地方进行滚动播放。比如湖南省，除了在湖南卫视播放扶贫广告，还划拨出省内高速路路牌等户外媒介资源投放扶贫广告。在总台的引领带动和各地的通力协作下，一个上下贯通的立体传播矩阵被搭建起来，发挥出了扶贫广告的最大作用。

（四）链接电商，打通广告—消费环节

在投放扶贫广告的同时，总台也充分发挥自身强大的社会资源调配能力，通过贴片二维码等形式，与电商平台直接合作，借此打通广告-消费环节。

例如，总台与拼多多展开合作，结合拼多多的优势，开创农货中央处理系统，归纳全国各大产区包括地理位置、特色产品、成熟周期等信息，经系统运算后，将各类农产品在成熟期内匹配给消费者，保证供需高效、精准匹配。2018年，仅拼多多平台的农副产品订单总额就达到了653亿元，催生了21亿多笔扶贫助农订单，直接和间接拉动了包括各类平台商家、快递物流人员等超700万人就业。贵州猕猴桃、宁夏枸杞、青海牦牛肉、云南花椒等多地特色优质农产品依靠扶贫广告加电商协作，走出了产地，走向全国。

总台精准扶贫与拼多多平台合作助农

与电商平台的合作，成功地将线上线下的全流程环节打通，总台发挥自身强大的社会协调能力，使扶贫产品直接对接销售，实现了消费端“最后一公里”和原产地“最初一公里”的直连，从根本上解决了农民农产品的销售问题，同时也让消费者能够买到价格更为优惠的农产品，实现双赢，从而将扶贫效果真正落到实处。

此外，在扶贫广告片中，屏幕右下角会放置一个二维码，用户通过扫描二维码就可以跳转至购买平台，购买自己心仪的农产品。这促进了观众直接下单购买，将流量迅速转化为销量。

如在遵义绿茶、盐池滩羊肉等产品的广告中，屏幕右下角放有相关产品介绍的二维码，观众通过手机扫描，会跳转到多彩贵州精品黔货、宁夏盐池滩羊集团的公众号，内有更为详细的产品介绍。与此同时，观众可以通过公众号内的购买链接直接在线下单。广告内嵌二维码的方式使扶贫产品不仅可看，更可知、可买，从而打通了宣传和销售的渠道。

宁夏盐池滩羊广告二维码链接当地助农购买平台

（五）矩阵传播，扩大宣传覆盖范围

此次精准扶贫广告在登陆电视端的同时，也在总台的移动端央视频进行了同步推广。这次广告战役结合大数据和算法推荐，深入分析用户习惯，进行精准推送，实现了大屏小屏的互联互通，增强了广告的到达率和影响力。

例如，在宣传内蒙古锡林郭勒羊肉时，电视媒体与央视频新媒体平台同步传播。在央视频App上，用开屏广告和图标引导的方式来进行广告传播，这种做法既符合当今受众的媒体使用习惯，又可以扩大传播的覆盖面。同时，央视频还利用大数据技术，对最有可能购买产品的人群进行精准推送，以更好地获得预期的转化效果，促进购买的完成。

通过网络平台大范围、高密度地推广扶贫内容，为扶贫产品创造了最大限度的登载量与曝光率。这种“传统电视端+新媒体端”的平台播出推广模式，可以更好地覆盖受众人群，扩大扶贫产品的影响力，提高产品销量。

四、扶贫跟踪与反馈：见效果，拔穷根，帮到底

（一）见效果：多渠道了解扶贫情况

在项目一开始，总台就建立了及时有效的反馈机制，通过当地政府数据反馈、直接回访农户和总台记者基层采访等形式，全面了解广告扶贫效果和部分农户的困难，以及时调整广告的制作、投放并制订其他帮扶计划。

1. 当地政府数据

在广告播出后，总台与当地政府部门保持持续的沟通与回访。例如，在《金丝皇菊》篇广告播出后，地方政府统计得出，仅修水金丝皇菊这一个项目便直接带动了农户1.5万，其中建档立卡贫困户5 500个，户均增收3 500元以上。在这样播出和回访相结合的机制下，精准扶贫的工作才算落到了实处。

2. 农户直接反馈

扶贫广告在拍摄时，与当地农户的密切联系就构建起来了。广告播出后，总台和地方政府都会及时进行农户回访，了解产品的销售情况，以进一步优化接下来扶贫广告的制作和投放工作。江西省莲花县高洲乡村民黄烈伟就对项目组说："大米销量更好了，今年净赚4万多块，自己60多岁，在家门口能挣这么多，满足了！"这样的例子还有很多，广告项目组通过和农户的直接联系，对广告的播出效果有了直观感受。

3. 一线记者采访

总台以各地记者站作为“下情上达”的信息纽带，对扶贫的效果进行持续跟踪了解。总台记者深入农村、融入基层，见证、记录甚至参与了在“广告精准扶贫”助力下的脱贫攻坚历史进程。记者和农户同吃同住同劳动，通过长时间的接触，拉近了心理距离，能够了解到更多真实的情况。通过各地记者站获得的第一手信息，不仅让项目组了解了精准扶贫的真实效果，也让全社会了解了脱贫攻坚的真实情况。

（二）拔穷根：推动区域经济持续增长

扶贫就要彻底拔掉穷根，要保证贫困户经济收入持续增长，防止脱贫的贫困户返贫。因此，“广告精准扶贫”项目注重长效，并实现了两个跨越，即从产品信息的推广到产品品牌打造的跨越和从区域产品宣传到区域形象提升的跨越。

1. 从产品信息传播到产品品牌打造

推广产品信息，实现销量的增长能够解决贫困户一时的问题，但从长远来看，要想让贫困户的产品具有竞争力、保证持续销售，还须打造良好的产品品牌。

例如，湖南保靖黄金茶广告在总台投放后，展现了当地的优美风光和独特茶文化，借助总台强大的传播影响力，保靖黄金茶的知名度和美誉度明显增强，其优质、健康的品牌形象得以在全国范围内广泛传播，从地方品牌上升为全国品牌。广告随之也带动了一系列茶叶衍生品的生产和旅游观赏业的发展，进一步提升了保靖农旅业的知名度，助推了产业扶贫。

大国经济需要大国品牌，大国品牌需要大国传播。由产品到品牌的跨域，为当地经济发展提供了持续动力。这样的转变使得在“广告精准扶贫”项目结束后，当地依旧可以依靠自身品牌动力完成长时间的经济增长，进而自主实现脱贫致富。

2. 从产品的宣传到地区形象的宣传打造

随着“广告精准扶贫”项目的推进，在打造区域产品品牌的过程中，总台也巧妙地将贫困地区文化和地理特色鲜活呈现，展示祖国大好河山的面貌，促进了贫困地区综合形象的提升，盘活区域综合旅游资源。

例如，在广西百色的扶贫广告播出后，伴随着百色芒果走俏，扶贫广告中唯美精致的镜头语言向观众展示了百色地区的自然风光、地理环境和人文景观。一时间，扶贫广告拍摄的取景地都变成了湘粤地区自驾游、短途游的新热点，成为各地游客纷纷“打卡”的目的地。广西百色的好山好水更加为世人所知晓，依托生态优势，百色市打造多样化文化旅游景观，吸引了一大批游客到广西感受地方特色文化景观和自然风光。百色在“广告精准扶贫”的帮助下，贫困的难题缓解了，地区形象也提升了。

“绿水青山就是金山银山。”结合当地旅游资源发展特色经济，提升地区形象，这无疑为贫困地区的全方位脱贫提供了新的思路。

（三）帮到底：协助当地打通全产业链

扶贫就要帮到底，总台并不止步于对产品的推广。作为国家重要媒体机构，总台在推广产品的同时，还调动其社会资源和媒体资源，通过与加工企业对接、金融扶持等方式，推动地方产业链的融合与完善。

在针对江西省莲花县有机大米种植基地的精准扶贫广告中，优美的田园农耕画面让人心驰神往，粒粒饱满的大米品质促进了当地产品销量快速增长。在广告播出的同时，莲花县还依托绿色有机大米的品牌优势和当地丰富的旅游资源，大力发展绿色有机农业+乡村旅游事业，在通过广告展示地区优美风景、环境等的同时，不断开发集民俗旅游、观光体验、绿色生态餐饮等于一体的乡村旅游项目，通过举办稻作文化旅游节等活动，树立“以旅促农、以旅助农、以旅富农”的旅游品牌。通过广告宣传和当地的积极建设，大米种植基地不仅成为当地人休闲的好去处，而且吸引了省内外游客纷至沓来，走出了一条以现代农业产业发展和村庄建设带动休闲农业和乡村旅游相结合的融合发展之路。

在“广告精准扶贫”的过程中，依靠单一产品推广脱贫的力量毕竟是有限的。贵州赫章核桃创新了一“核”多吃的模式，成功地实现了全产业链的增收。在总台播出赫章核桃的广告后，当地核桃的销量直接增长，但农户们没有止步于仅仅依靠核桃带来收益，而是紧抓机遇，打好赫章核桃品牌这副牌，积极发展核桃产业。赫章县组建了核桃专业合作社65个、核桃协会27家，相继引进赫之林、金果缘等精深加工企业，生产了核桃乳、核桃糖、核桃油、核桃工艺品等系列产品，年产值近5亿元，吸纳了近3 000贫困人口就业。截至目前，赫章县种植核桃规模全国第一，挂果核桃30万亩，坚果年产量3.75万吨，年产值近15亿元，促进农民人均增收1 700元以上。

第四章
行动共同体：以影响力推动层级辐射

第一节 总台的平台自信

党的十八大以来，习近平总书记多次就精准扶贫工作作出重要指示。作为党的意识形态重镇，中央广播电视总台承担起了国家主流媒体的社会责任和担当。“广告精准扶贫”正是总台贯彻落实习近平总书记关于精准扶贫重要指示精神的具体举措，是总台坚持把社会效益放在首位的具体实践，也是以公益传播服务国家战略的成功探索。

在媒体融合不断向纵深发展的进程中，总台充分发挥视听传播优势，利用用户规模、频道、频率、新媒体等传播渠道资源，在媒体融合时代深耕节目和产品内容，形成品牌效应。

在整合自身资源的协同效应基础上，总台坚持正确的舆论导向，创新传播手段，成为党的政策和信息传播的舆论高地；以用户为中心，发挥服务和娱乐功能，满足人们日益增长的精神文化需求，带来积极的社会效应；引领媒体融合改革，创新发展模式，成为新型主流媒体建设的表率。总台在不断突破中所积累的独特优势，为“广告精准扶贫”项目的开展奠定了坚实基础。

一、基础用户优势

中央广播电视总台成立以来，牢牢把握国内国际传统观众、听众，开拓新兴用户，探索用户迁移规律。在媒体融合不断向纵深发展的进程中，总台除了依靠传统用户，打造新型主流媒体，还高度重视用户需求转变和新兴用户群体，依据用户大数据，实现分众、小众的产品与服务的精准推送与触达。与此同时，总台还深入布局全媒体传播体系建设，依靠全媒体提高用户覆盖率，成为全球范围内为数不多的用户体量达到10亿级的媒体之一。

总台在用户规模上，数量庞大；在用户覆盖上，深入全球各国家和地区；在用户层次上，覆盖传统视听媒体和新媒体各个层次。截至2018年年底，总台电视端的全球覆盖人群已超过12.71亿，新媒体平台用户规模突破10.4亿，其中央视新闻新媒体平台累计用户近4亿。央广网在海内外拥有数以亿计的听众，中国国际电视台在2018年新增海外整频道用户3 300万户，用户总数达到2.8亿。同时，总台覆盖范围广，用户覆盖超过全球210个国家和地区。其中，中央电视台国内电视覆盖用户数超过10亿，中央人民广播电台是中国唯一覆盖全国的广播电台，总台还拥有100多个覆盖中国各省和世界重要国家、地区的记者站。就体量规模、覆盖规模等指标综合而言，总台的基础优势突出。中国广播电视总台具有传播新闻、社会教育、文化娱乐、信息服务等多种功能，是全国公众获取信息的主要渠道，是中国了解世界、世界了解中国的重要窗口，也是当今中国最具竞争力的主流媒体之一，在国际上的影响力正日益增强。

二、全媒体传播体系优势

基于当前信息传播与舆论环境、媒体发展的总体趋势，2019年1月25日，中共中央政治局在人民日报社就全媒体时代和媒体融合发展举行第十二次集体学习，习近平总书记强调，全媒体不断发展，出现了全程媒体、全息媒体、全员媒体和全效媒体。“信息无处不在、无所不及、无人不用”，会后提炼出的“四全媒体”从概念到范畴，全面、深刻地总结了当下传播生态与媒体变迁的基本规律与趋势。以“四全媒体”为基本框架，有助于总台打造新型主流媒体，快速推进媒体融合进程。

传播体系建设对于塑造健康的媒介生态和市场生态非常重要，因此总台对现有媒体优势资源进行相应的产业化延伸发展，借助强大的品牌传播力、影响力和用户基数，实现多元经营，助力新型主流媒体建设。

总台全媒体传播体系的优势主要有三个方面。首先是内容生产优势。优质内容是主流媒体的立身之本，总台遵循新闻传播规律和新媒体发展规律，重点打造与主流媒体相匹配的精品内容，创新内容表达，丰富呈现形式。其次是平台渠道优势。随着移动互联时代的来临，大数据、云计算等技术为媒体实现精准传播与有效传播提供了有利条件。总台通过互联网采集、接口导入、历史数据导入、远程汇聚等方式，将内部资源、互联网资源、第三方资源等汇聚到大数据资源中心，建立起属于自己的用户大数据资源体系和大数据资源平台，从而打通了垂直传播渠道，向分众传播、垂直传播、精准传播转型。最后是技术优势。总台充分利用技术赋能，将信息化革命的最新成果，如5G、大数据、云计算、物联网、区块链、人工智能等先进媒介技术应用于媒体生产全流程中，基于技术促进内容生产的移动化、网络化与智能化，实现内容生产力和品牌传播力的提升。

总台着力打造入口+内容分发平台+渠道传播全平台+云端的全新传播生态体系，在这个过程中整合下游的电视网络资源和电视广告业务，跨界整合网络视频播出平台、电商平台，以期形成较为完整的产业链，提高主流媒体的生态链接辐射力。经过几年的努力，总台努力推进媒体融合的深入发展，促进传播体系的日益完善，加快自身建成新型主流媒体的步伐。

三、内容生产优势

随着智能融媒体时代的到来，各种新兴媒介形态和技术层出不穷，视频网站、移动社交媒体与传统媒体之间从技术的竞争发展到渠道的竞争，归根结底最后呈现出“内容”的竞争。正如习近平总书记强调的：“内容永远是根本，融合发展必须坚持内容为王，以内容优势赢得发展优势。”以总台为代表的主流媒体，其核心竞争力依旧在于高口碑、精品化的原创内容。

首先是独家内容凸显媒体公信力。总台作为国家级主流媒体，具有独家和权威的优势，这是新兴媒体、商业媒体、地方媒体无法比拟的传播优势，例如对重大事件的独家直播，在时事新闻报道、体育赛事等专业领域的强有力的话语权等。独家内容能借助总台的媒体平台实现传播价值的最大化，也是总台提高引领力、影响力和公信力的重要优势。作为中央级媒体，总台发挥广播电视媒体发展的引导作用，把准方向、把好导向，引导社会热点，加强国际传播能力建设，守护准确、权威、专业的优势，以独家、原创为目标，向世界讲好中国故事。

其次是原创高品质节目样态引发全民话题。坚持原创既是出路也是使命。主流媒体要有宏观视野，从博大精深、兼容并蓄的文化海洋中挖掘原创性题材，研发原创节目模式，增强文化软实力。近年来，总台一直走在节目创新的最前沿，新节目层出不穷，展现出了国家台所拥有的强大创新能力。

最后是新技术助力视听内容创新。随着AI技术、VR技术、全息投影技术、直播技术的广泛应用，总台生产的视听内容形态进一步拓展。无论在拍摄手法、剪辑手段、呈现方式还是互动形式上，新技术的应用都使总台内容产品的呈现方式更为丰富和多元，给受众带来新的体验和感受，也提高了受众黏性和传播效果。

第二节　“1+N”的传播模式

中央广播电视总台自成立以来，始终高举公益传播旗帜，把社会效益放在首位，引领电视广播宣传导向。近年来，总台持续加大公益传播投入，将公益广告与国家战略相结合，围绕中心，服务大局，树立“广告宣传也要讲导向”的标杆，充分体现了国家主流媒体的使命和担当。

在广告宣传方面，总台探索出了“1+N”的传播模式。该模式由一个国家主流媒体与各具特色和多元用户的媒介平台构成，中央广播电视总台是引领广告宣传和品牌传播的“1”，省级媒体、市级媒体、县级媒体以及相应的新媒体平台则是触及细分受众的“N”。“1+N”模式依托总台独特的资源优势，积极拓展各级媒体平台“两微一端”的传播力量，整合微博、微信、新闻客户端、网站、App应用等多种形式的传播载体，构建了一个高覆盖、深联结的传播体系。它由一个国家主流媒体出发，广泛连接N个传统媒体和新兴媒体，持续而有力地输出相关信息，更好地与分众化和圈层化的用户沟通互动，达到“矩阵共振、生态互联”效应。在总台大方向的带领下，多种媒介平台相加促融合、合力谋发展，形成了一个跨媒体、多媒体甚至融媒体传播矩阵。

一、总台传播力和影响力优势

随着移动互联时代的来临，大数据、云计算等技术为媒体转型发展提供了有利条件。媒体发展正在快速步入一个新型主流全媒、智媒、融媒三位一体的媒体融合时代。从行业发展来看，传播价值的辐射，媒体边界的消融，用户体验的上升，业务平台的融合，都给媒体格局带来了巨大的变革。目前，总台正在积极进行由融媒、智媒进而到全媒体的转型升级，推动媒体融合，打造新型主流媒体。

在媒体融合进程中，总台除了注重以更新的传播渠道激发用户活力、以精准推送增强媒体黏着力外，还注重传播内容的新媒体思维。一方面，总台根据目前受众群体的年轻化、个性化、交互性等特征，打造“新内容”，运营“新模式”，多用网络流行词汇、网络热点来带动隐性的传播力量，用新时代网民们所喜闻乐见的方式来运营和增粉，变用户为粉丝，实现粉丝经济的价值转换，在扩大媒体矩阵影响力的同时催生新的生产力和商业价值。另一方面，在媒体融合不断向纵深发展进程中，总台通过平台技术更新和新媒体传播矩阵建设，实现优势整合，从而深化新媒体矩阵平台之间的互动，充分发挥各媒介平台互通互联的集群效应。

总台通过准确把握用户群以及潜在用户群需求，进行分众化投放产品服务，把信息精准、及时、智能地提供给用户，以满足不同群体、不同场景下的需求，从而重建了用户连接，最大限度地黏住了用户，实现了平台与用户的深度融合。

总台凭借独有的国家平台和资源优势，能够帮助品牌获得经济效益和社会效益。总台在媒体融合转型以及促进传播力、引导力、影响力、公信力全面提升的过程中，积极融合创新发展，探索独有的广告经营范式，依托新媒体传播矩阵建设，实现最广泛人群的覆盖和触达，帮助品牌快速扩大知名度和渗透率，为品牌带来更广阔的市场。

总台全球覆盖人群基础规模大，构成其强大的传播力；从中央电视台到总台，60多年来始终如一高举旗帜、引领导向，捍卫主流价值的能力就是它最大的引导力；不断扩大的电视市场份额和源源不断的优质节目输出能力，成就了它在中国社会的话语权。拥有话语权的媒体就有影响力。调查显示，当总台与其他媒体说法不同时，95%以上的观众更信任总台的说法，这就是国家台的公信力。正是这种强大的传播力、引领力、影响力、公信力，让总台牢牢占据了“1+N”品牌传播模式中“1”的位置。

二、传播矩阵建设助力“1+N”传播模式

在“1+N”模式中，企业或者品牌在中国市场做品牌建设或者品牌传播时，都会不约而同地选择与“1”种强势媒体合作，以其作为支撑平台，同时搭配N种其他媒体作为补充。这其中，“1”几乎是不变的，而“N”则根据品牌的需求变化或者媒体自身的演变而随时在变。“1+N”品牌传播模式是一个伞状结构，由一个深具权威性、引领力、传播力和公信力的国家主流媒体与诸多有鲜明特色的、拥有不同受众群体的媒介构成，共同支撑起一张覆盖广泛、充分触达受众群体的传播网络。“1”以其与生俱来的权威性、影响力和公信力充分宣示品牌价值和品牌主张，提高其传播的覆盖范围和传播效果。“N”则以充分的互动性、便捷性甚至分众化、圈层化对内容进行传播，具体而广泛地实现与更多层级用户的沟通，“1”与“N”的完美结合，让“1+N”模式更能适应当今日趋复杂多元的传播环境。

技术升级和用户需求不断驱动着媒体转型发展。在信息传播格局和舆论生态的变更和重构中，传统媒体的样态边界不断

被拓宽，新媒体成为媒体融合发展的重要平台，微博、微信、客户端则成为各级媒体抢滩登陆的主战场，同一媒体的不同新媒体账号相互协同，构成了新的传播矩阵。

总台整合媒体资源，以自身的头部资源为核心，着力打造全媒体矩阵，形成了强有力的媒体传播矩阵，新媒体微博、微信和其他平台拓展了内容传播的渠道，由大屏延伸到小屏，进行线上线下立体的广告传播和品牌推广，覆盖更广阔多元的受众群体。在智能媒体时代，总台的传播优势和各级媒体的平台传播优势通过技术更新被连接起来，最大限度地发挥了传播矩阵的优势。

总台上线“全国县级融媒体智慧平台”暨央视网新版全终端，是连通国家传播与基层传播的积极尝试。当媒体活动场域从自身扩展到社会，生态链接的影响也从单一走向复合，精准聚力着眼于媒体之于经济社会生态的价值。“广告精准扶贫”是体现总台社会生态链接价值的重要创举，作为贯彻落实习近平总书记精准扶贫重要战略思想以及“广告宣传也要讲导向”等重要指示的一次成功探索，“广告精准扶贫”把信息传播的一次性消费转化为社会资源的可持续循环，创造了更多的新机会和新价值。

第三节　总台与地方媒体的纵向联动

在前面的介绍中，我们了解到中央广播电视总台作为中国最重要的舆论传播阵地，拥有规模化的视频消费生态圈、高达15

亿的用户体量。它依靠自身的影响力构建了以总台为引领、多种媒介平台为辅助的“1+N”传播模式。也正是依托于这一传播模式，总台开展了“广告精准扶贫”的创新实践。本节我们将重点梳理总台与地方媒体的宣传联动经验。

2016年贵州猕猴桃的一炮而红、2018年重庆开县春橙的价销两旺、2019年西藏茶叶的香飘世界，这些都是总台“广告精准扶贫”项目取得的显著成果。总台的宣传促使地方农产品的知名度和美誉度得到显著提升，给予了贫困地区脱贫信心，调动了贫困地区的主观能动性。以总台精准扶贫工作为标杆，地方政府积极整合媒体资源，把广告扶贫作为脱贫攻坚的重要推手，与总台统筹协调、多方联动、务实创新推动项目开展。两者的立体传播让总台与地方媒体组成了一个“行动共同体”，一方面避免贫困地区陷入“等、靠、要”的被动脱贫意识，另一方面也形成了总台与地方媒体间的纵向联动机制。

总台与地方媒体的联动不再局限于媒体间的渠道互动，而是涵盖了传播渠道、产业发展、行业投资三个层面。从广告传播的效果延伸到贫困地区的可持续脱贫，让地方媒体全面与总台的扶贫工作模式对接，从而将两者的联动做真、做实、做深。总体来讲，主要分为配合宣传、搭建链条、主动对标三个步骤。

一、配合宣传：多渠道推广扩大覆盖面

中央媒体和地方媒体作为不同层级的行政媒体，虽然肩负共同的责任使命，但是服务于不同圈层的受众。总台的平台优势可以覆盖绝大部分的受众，但不容忽视的是，地方媒体对于贫困

地区人口具有与生俱来的亲近性。因此，地方媒体的二次传播能够起到开拓农产品本地市场的作用，进一步提升广告的宣传效力，打通扶贫宣传的“最后一公里”。

在这一方面，湖南省为其他地方政府树立了模范样本。在总台主力宣传本地产品广告之时，湖南省乘势而为，通过本地各种媒体平台同步投放广告，实现广告宣传效果的广泛提升。在传播形式上，通过网站和客户端，以图文专题、主题海报、创意广告、H5等多元传播形式，推介广告扶贫产品；在新闻报道上，开展“精准扶贫在三湘”“互联网+精准扶贫”“N+1精准微扶贫”等一系列主题报道，成立助力精准脱贫公益大联盟；在推动消费扶贫上，借助媒体的影响力，激发社会各界积极购买广告扶贫特色农产品。

具体来看，碣滩茶扶贫广告播出后，沅陵县首先在《湖南日报》、湖南卫视、《怀化日报》、怀化广播电视台等16家媒体播放或刊载碣滩茶广告。其次，在湖南卫视专门开通了“茶频道”，打造固定专题、专栏，发布与扶贫相关的深度报道。再次，在长沙高铁站、怀化高铁站、长张高速、常吉高速公路收费站及两旁大型广告牌等多点多面播出、刊载碣滩茶广告。总台宣传与地方媒体二次传播和典型深度报道的配合，不仅扩大了广告宣传效应，而且进一步提升了碣滩茶的影响力和知名度。

二、搭建链条：加强营销实现产业保障

积极利用媒体资源配合宣传，是地方媒体与总台宣传联动的第一步，也是两者合作的初级阶段。在此基础上，地方媒体要

考虑如何提升传播效力，借助总台的影响力，延伸产品的产业链条，构建线上线下营销模式，实现长久的品牌效应。

从线上来讲，地方媒体主动寻求销售平台，构建销售网络，形成销售体系。在广告传播影响力已有的效果基础上，转换产业发展思路，为农产品品牌“出山”。总台的广告宣传使各地农产品订单剧增。为了让农产品的供给和运输与总台的传播推广匹配，地方媒体积极借助电商平台搭建产品销售链。同时，通过采购环节，实现农产品的宣传与推介。江西省安远县打造了“电商企业+电商扶贫合作社+电商扶贫基地+贫困户”四位一体的电商扶贫订单农业模式，解决了订单骤增致使供给和运输出现问题的状况，让百香果搭乘电商扶贫的“快车”畅销全国各地，由“山货”变“网货”。

江西安远百香果广告

从线下来讲，地方媒体在总台宣传本地产品期间，广泛开展并参加招商、展销活动，拓展农产品的商业市场，及时将宣传效果转化为经济效益和社会效益。招商和展销活动能大力提升产品知名度，提高市场占有率。地方政府还借助活动吸引其余合作方，寻求总台和地方媒体以外的第三方宣传力量。围绕“广告精准扶贫”项目，四川省曾组织省内企业参加过省内外各类大型展示展销活动。2019年4月11日，在四川省凉山州在香港举行的农特产品推介暨签约仪式上，大凉山因苦荞茶产品在总台持续播放，该地区苦荞茶等农特产品受到了众多香港客商的青睐，他们纷纷表示愿意助力凉山州脱贫攻坚，并协助其产品进入港澳市场。

四川大凉山苦荞茶广告

线上的销售网络与线下的商业市场探索让地方媒体与总台的宣传联动联系紧密。地方媒体借助总台的影响力，在产品营销上持续发力，为后续产业发展提供保障。农产品的宣传不再是只看重点击量和成交额数据，而是聚焦于未来的产业发展。

三、主动对标：行业布局谋求可持续发展

无论是传播渠道的配合宣传，还是产业发展的链条搭建，都是地方媒体在总台的平台优势下获得的辐射效果。地方媒体与总台的联动如何能够更进一步，凸显“广告精准扶贫”项目的创新模式？这是地方媒体需要考量的问题。

总台2018年宣布，每年将拿出10亿以上广告资源投入“广告精准扶贫”项目。地方媒体以总台的扶贫工作投入为引领，加大媒体行业在扶贫事业上的投资额，从行业的总体规划和战略

布局协助农产品的宣传工作，实现平台价值，寻求贫困地区的可持续发展。

地方媒体传播渠道的配合宣传侧重时效性，而行业投资的主动对标侧重持续性。两者属于具体传播行为和宏观发展战略的不同范畴。前者的指向对象是单一的。它的目的是在总台广告播出之时，地方媒体筛选媒体资源进行辅助宣传，寻求传播效果和影响力的最大化。后者的指向对象则是多元的，它的出发点是如何从行业层面下手，加大地方省市媒体的投资额度，挖掘更多潜力优质农产品，带动当地经济发展，助力攻克贫困难题。

2017年8月，六盘水市组织三家媒体以每年866万元连续四年的媒体资源投入扶贫广告刊播，将广告脱贫项目建设为品牌塑造的孵化器。在此举措下，已推出了沿河空心李、正安吉他产业园等11种产品。身为配合宣传典范的湖南省，在行业投资层面也积极部署。湖南广播电视台投入价值4.6亿元的广告资源，以“一县一品”的方式，将扶贫广告全面覆盖当时尚未脱贫摘帽的20个贫困县。福建省也通过“一个电视广告、一幅党报平面、一部抖音短剧”的方式投入大量融媒体资源进行持续传播。

地方媒体的资源投入在总台广告的传播效力下，借助本地媒体资源形成农产品推广的长期规划，形成了扶贫品牌的规模经济。总台与地方媒体的宣传联动是一种合作模式，也是一种共生关系。两者在总台的影响力之下推动农产品的层级宣传，不仅扩大了广告宣传覆盖面的广度，更拓展了广告宣传工作的深度，也形成了宣传合力。现今，在已经初具规模的合作体系下，地方媒体仍然不能松懈，应始终保持与总台同步发声、打组合拳，树立拳头产品形象，共同推动“广告精准扶贫”项目的创新升级。

第五章
利益共同体：以传播力带动经济效益

第一节　总台的品牌自强

移动互联时代，资源的整合能力成为媒体的重要核心竞争力。随着电视媒体的数字化、全媒化转型，电视正在由产业链向产业网络扩展。电视作为组织有机体，对内整合资源一体化发展，对外协同发展，形成电视与各种社会力量的利益共生关系，打造现代意义上的利益共同体。

自1958年建台以来，历经一甲子的积淀、传承、革新和突破，中央广播电视总台已成为中国最重要的主流媒体和亚洲最大的视频传播中心。高端感、国家态度与形象、社会责任感是人们对总台的主流印象。

总台的品牌自强是在高度重视传播手段建设和创新，提升其自身传播力、引领力、影响力和公信力的过程中逐渐形成的。总台以秉承“国家责任”构建公信力，以引领导向、捍卫主流价值发挥引导力，以高举旗帜、掌握话语权赢得影响力，以不断创造价值形成独一无二的传播力，进而促进自身的品牌自强。

总台的品牌自强也是在与合作方的双向良性互动中不断完善的。它在不断助力合作方品牌构建的过程中，也在强化着自身平台的美誉度。一方面，总台以其强大的品牌传播力，强劲地拉动特色农产品销售增长，创造了一个又一个广告经济奇迹。另一方面，总台的公益传播获得了社会各界的肯定与支持，从而反哺总台自身的品牌影响力。

一、见证特色农产品品牌成长

作为中央级媒体，在改革开放四十多年来，总台培育了无数中国品牌，促进了中国经济的高速发展。我们所熟知的品牌，无一不在这个平台上熠熠生辉。格力、美的、海尔、青岛啤酒这些响当当的品牌从改革开放初期就在央视进行品牌传播。20世纪90年代以后，伊利、蒙牛、汇源、鲁花、一汽集团、比亚迪等品牌在央视的舞台上变得家喻户晓。在“广告精准扶贫”项目中，总台也见证了一个个地方特色农产品品牌的成长。

总台通过公益广告服务特色农产品的实践最早应追溯到1997年。那年，总台免费为来自“中国大蒜之乡”的山东金乡大蒜制作并播出公益广告。金乡大蒜在总台的登“台”亮相使该产品的知名度大大提升，销售量大大提升。总台在带动农民收益增加和当地经济发展的同时，也不断助力“金乡大蒜”这一品牌的成长。

2016年以来"广告精准扶贫"项目的实施使总台见证了更多的地方特色农产品品牌的成长。其中，来自重庆市石柱县的一批农产品就是典型案例。2018年7月，重庆石柱辣椒、石柱蜂蜜、石柱黄连开始相继在总台各个频道亮相，这些带有浓郁乡土气息的特优农产品让观众眼前一亮。

石柱辣椒是重庆市石柱土家族自治县特产，种植历史悠久，但其在国内的知名度和销量一直不如人意。2018年，总台"广告精准扶贫"项目将石柱辣椒纳入其中，石柱辣椒广告免费登陆央视、央广、国广等频道、频率以及网络新媒体。

通过总台的推广，石柱辣椒的知名度和美誉度飙升，成为辣椒行业的"网红"产品。来自陕西、福建、山东、辽宁等地的客商纷至沓来，电话询价和预定的新客户明显增多。原有客户怕减量，提前打电话给各大辣椒合作社要求留存。2018年虽然辣椒市场低迷，但石柱辣椒每公斤的收购价格较周边省份同类辣椒却高出0.8至1.0元，椒农每亩增收500元以上，种植水平高的农户可每亩增收1 500元。

石柱辣椒扶贫广告的播出助推了石柱县辣椒品牌的打造。从2018年起，石柱县培育了以谭妹子为代表的26家辣椒加工企业，引进重庆德庄、小天鹅、怡留香、香水火锅、喜悦来、毕兹卡6家辣椒加工企业生产火锅底料、豆瓣等调味品，年加工能力5万吨，产品100余种，并逐渐形成了鲜椒、泡椒、辣椒干、复合调味品等多层次的产品供应体系，注册"石柱红"辣椒集体商标和证明商标等8个调味品商标，获农业农村部"农产品地理标志"登记认证，"石柱红"鲜辣椒及辣椒干获"绿色食品"认证。"石柱红"辣椒干被认定为"重庆市名牌农产品"，"石柱红"辣椒商标被评为“重庆市著名商标”。 2020年8月，石柱辣椒入选全国十大名椒。

“广告精准扶贫”项目带动了石柱辣椒的生产和销售，打响了辣椒品牌，更大力推进了石柱县的脱贫攻坚工作，成为全县脱贫攻坚的一大重要产业。《石柱辣椒》篇扶贫广告在总台的播出极大地增强了当地贫困户的信心和脱贫致富的决心，当地农户纷纷表示将继续在县委县政府的带领下多种辣椒、种好辣椒。

二、助力总台品牌形象提升

“广告精准扶贫”项目是总台“品牌强国工程”综合性多层次生态体系的重要组成部分，贫困地区借助总台的公信力擦亮了地方农产品的品牌名片。与此同时，总台依靠特色农产品的宣传，也提升了自身作为主流媒体的品牌形象，得到了社会各界的肯定，实现了品牌自强。

“广告精准扶贫”项目获得了贫困地区人民的高度肯定。总台的公益广告片让原本销路单一、收效甚微的农户迎来了好年景，让农产品不仅价格更高，而且销售速度更快、销量更大。来自奉节县安坪镇的脐橙种植户罗伟说：“广告播出之后，客商的话好说了，价格上去了，也少费了不少口舌。这真得感谢中央电视台！大家都说，中央电视台给我们老百姓做好事了、做实事了。”2018年，央视广告经营管理中心继续把青海纳入“广告精准扶贫”项目实施范围，提升了青海特色农产品的知名度和影响力，加快了青海贫困地区脱贫致富的步伐。青海省委宣传部于2018年4月专门致函感谢“广告精准扶贫”项目对青海扶贫事业的支持。

“广告精准扶贫”项目也受到了学界的肯定。中国传媒大学亚洲传媒研究中心主任丁俊杰教授认为，总台的这一公益举措对中国广告业起到了示范作用，“让广告的功能从原有的依附性、服务性和工具性上升为主导性、引领性和战略性”。湖北民族大学文学与传媒学院的吴柳林教授也高度评价了“广告精准扶贫”项目，认为其在全国媒体率先开创出具有媒体特色的扶贫道路，充分发挥了媒体的传播作用，取得较好的经济效益和社会效益。项目结合时代需要，将公益放在首位，做到了有温度、有情感、有意义，这是当下媒体积极践行社会责任的典型反映。

“广告精准扶贫”项目也受到了业界的肯定。自总台的“广告精准扶贫”项目实施以来，多家主流媒体对其进行了专门报道。2017年10月11日，《人民日报》在第6版刊发《央视推出“CCTV国家品牌计划”项目广告精准扶贫助45万人脱贫》一文，对“广告精准扶贫”项目的运行情况和取得的成效进行了报道。2020年7月2日，新华网发表了一篇名为《精准扶贫广告 让柴达木枸杞走出家门》的报道，充分肯定了总台的精准扶贫广告对柴达木枸杞的品牌推广作用。多家权威媒体的发声支持彰显了“广告精准扶贫”项目的权威性和影响力，并进一步提升了“品牌强国工程”及入选品牌的社会关注度和影响力。

“广告精准扶贫”项目以颠覆性创新，将原本一个个单独孤立的广告时段，以农产品的品牌塑造为线索，逐渐连成一条清晰的农产品品牌发展路线。这一举措打破了传统媒介广告产品的思维模式，重新塑造了媒体广告产品的业务形态，不仅助力了贫困地区的脱贫攻坚，也实现了自身作为新型主流媒体的价值创新。

第二节 “5+1”策略：创立地标品牌，打造集体声誉

集体声誉是由区域内农产品长期共同的质量安全带来的，并获得消费者认同的一种标识。集体声誉由集体或组织内成员的历史平均概况决定，具有共用品属性，是一种整体印象。

集体声誉作为一种重要的无形资产和“信号显示”标识，能把区域内农业企业（小农户）的农产品质量安全信息“打包”传递给消费者。这不仅能够赢得消费者对区域内农产品质量安全的信任，还可将农产品生产的资源比较优势转化为农产品的市场竞争优势，进而降低农产品生产经营者的营销成本，提高农产品生产经营者的获利空间。

高质量有特色的农产品，需要媒体发挥作用，充分运用现代互联网新媒体手段，加大宣传推广、讲好农业故事，从而打造农产品区域公共品牌和集体声誉。“广告精准扶贫”项目帮助地方名特优农产品扩大了知名度和影响力，对其打造地标品牌起到了至关重要的作用。

总台在“广告精准扶贫”实践中总结出“5+1”的成功经验。即以品质为本，并在定位、价值、形象、传播和用户等五大方面建构“广告精准扶贫”策略，从而助力农产品集体声誉的打造。

一、"1"：以品质为本筛选扶贫农产品

品质是农产品的核心，也是总台筛选广告扶贫农产品的首要考虑因素。农产品的品质高低对于品牌推广的最终效果起着决定性作用。高品质的农产品在推广过程中，能够使消费者形成较高的质量安全预期和较强的支付意愿，从而提升地方农产品的销量。品质欠佳的农产品，一方面会损害地方农产品的集体声誉，出现"丰产不丰收""菜贱伤农"的现象，影响地方公共品牌的长远发展；另一方面还会对媒体的公信力和声誉造成负面影响。因此，在通过总台的广告扶贫手段，助力打造地方农产品的"金字招牌"时，务必要把好质量关。

总台在实施"广告精准扶贫"项目的过程中，筛选出来的农产品都极具当地特色且品质优良。例如，延川红枣的产地来自被国家林业和草原局命名为"中国红枣之乡"的陕西省延川县。延川红枣肉厚核小，品质优良，营养价值高。大凉山青花椒的产地是被誉为"中国青花椒第一县""中国青花椒之都"的四川省金阳县，那里产出的青花椒以色泽碧绿、颗粒硕大、麻香俱全、回味悠长、地道纯正的独特品质高居各类花椒榜首。

作为"广告精准扶贫"第一站的贵州省，继贵州茶、生态食用菌等在总台央视荧屏亮相后，2020年7月1日起，CCTV-1、CCTV-2、CCTV-13等频道的重点优势时段高频次播出贵州生态水果形象宣传片。这些生态水果便包括罗甸火龙果、麻江蓝莓、水城猕猴桃、贵州刺梨、沿河空心李等。

被评为"中国火龙果之乡"的罗甸是火龙果生长的乐园，罗

甸火龙果果香味浓口感细腻；麻江县是中国南方最大的蓝莓种植基地，在这里生长的蓝莓像山林里的蓝宝石；刺梨是贵州大山里的宝贝，每100克刺梨果肉富含2 300多毫克的维生素C，在同等重量下其维C含量是苹果的800倍、香蕉的400倍，是名副其实的“维C之王”；沿河空心李果核与果肉分离，果肉脆嫩、清香浓甜、汁液多、口感好。

二、“5”：五大手段打造农产品集体声誉

（一）以农产品特色精准定位

在打造地标品牌的过程中，最重要的一点就是定位精准，这样才能创造品牌价值。面对各具特色的扶贫农产品，总台的扶贫广告在大量调研的基础上，采用多种方法进行扶贫农产品的广告定位，如抢占第一定位法、需求定位法、区隔定位法、重塑标准定位法等。

福建寿宁高山茶广告

以福建寿宁高山茶为例。寿宁高山茶不像武夷岩茶知名度高，也不像安溪铁观音种植面积广，各方面都没有较大的优势，所以在为其定制扶贫广告时应快速抢位。总台的扶贫广告抓住寿宁县具有的“中国硒锌绿谷”的称号以及近年来寿宁县生态硒锌产业发展的迅猛势头，将寿宁高山茶定位为“生态好茶”。扶贫广告介绍了其生产地特色：“硒锌绿谷”“云生雾养”“纯净土壤”，配合诗词“涧清连竹色，山静带茶香”，以及原生态的竹林、清溪、丘陵、梯田等画面，从而诠释了这一精准定位，增强了说服力。

（二）聚焦农产品的独特价值

扶贫农产品品牌最终能否被消费者认可，取决于其是否能够找到特有的价值支撑。要把农产品品牌的价值做实、做突出，就必须寻找其特有的功效、体验等，并最终在扶贫广告中精准地体现出来。

宁夏中卫硒砂瓜广告

以宁夏中卫硒砂瓜为例。中卫硒砂瓜是来自大山深处的石缝西瓜，产地平均海拔在1 700米以上，土壤中富含硒元素，生长季节日照时长可达1 100多小时，有效积温2 600摄氏度。与其他品种的西瓜相比，宁夏中卫硒砂瓜生长环境昼夜温差大，生长期长，这赋予其独特的甜美口味和营养价值。总台的扶贫广告将这款宁夏特色西瓜的价值聚焦于“脆甜、营养、生态”，并集中介绍了硒砂瓜的生产地特征：“日照时长、黄河孕育、昼夜温差、纯天然无污染”，辅以其独特的生长环境画面进行解说，从而赋予其独特的价值支撑。

（三）多角度建构农产品形象

扶贫农产品的形象要和品牌的定位相契合。总台以扶贫广告的形式构建农产品形象，主要通过文字、图画、声音等呈现方式的综合使用给消费者留下深刻印象。

西藏牦牛广告

在总台的精准扶贫广告片《西藏牦牛》中，总台通过全方位展示牦牛在西藏所具有的独特地位与象征意义，为西藏牦牛肉构建起独特的产品形象。在扶贫广告片中，广袤无垠的高寒草原、星罗棋布的湿地湖泊、绵延不断的皑皑雪山，这是牦牛独一无二的生长环境；牦牛毛编织的帐篷与藏毯，牦牛奶制作的酥油与奶渣，牦牛皮做的马鞍和靴子，牦牛角做的喝水容器，这是作为“高原之舟”的牦牛浑身是宝的特性。这些优美的镜头语言，展示了藏族人民对于牦牛的信仰和崇拜，体现着牦牛在藏民心中的“高原守护神”的地位，是勇猛和力量的象征，从而也为西藏牦牛肉构建起独特的品牌形象。

（四）集中化策划农产品传播

以扶贫广告形式推介农产品，应从扶贫广告的策划阶段便开始集中化传播。首先，扶贫农产品应有个好名字；其次，广告文案要优美；再次，应深度挖掘故事，丰富品牌内涵，最终增强扶贫农产品的传播效果。

湖南保靖黄金茶广告

以保靖黄金茶为例。坐落在湘西大山深处的保靖黄金茶，背后具有深刻的历史与文化沉淀交融。祭古茶、采古茶、讲古茶、制古茶、煮古茶，是保靖黄金村千百年来延续下来的风俗文明。从这一点出发，总台扶贫广告片特别介绍了保靖黄金茶茶名的来源："据《明世宗实录》记载，嘉靖十八年，阿婆以茶治愈染瘴士兵，官员答谢黄金一两。'一两黄金一两茶'，保靖黄金茶因此得名。"通过湘西优美的自然景观，当地居民围绕黄金茶的民俗风情画面，配合诗词"千秋功业一壶茶，醉美保靖黄金茶。从来佳茗似佳人，饮后方知就是她"，从而进一步强化了人们对于保靖黄金茶的印象。

（五）以用户需求制定拍摄方案

品牌宣传首先要研究用户，扶贫农产品的宣传也要打动用户的心。在扶贫广告的制作过程中，应实现从关注农产品本身向关注受众需求、从"以农户为中心"到"以消费者为中心"的两个转变。

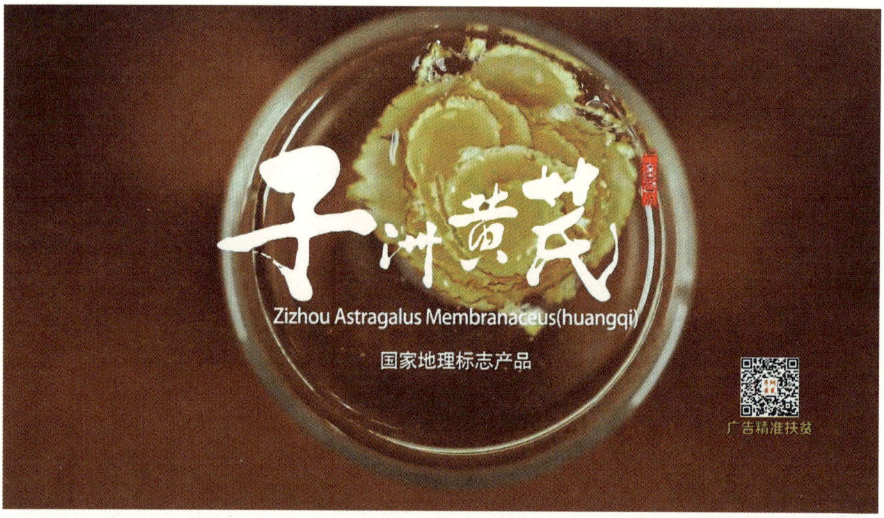

陕西子洲黄芪广告

以子洲野生黄芪扶贫广告为例，广告片一反常态，从呈现一个广东母亲为家人炖黄芪鸡汤的场景，继而引出黄芪的原产地在几千公里外的陕西。之所以打破常规，没有直接从野生黄芪原产地陕西入手介绍黄芪，而是选择“广东家庭喝汤”这一典型场景，正是基于对消费者需求的考虑。众所周知，广东人有喝汤的饮食习惯，而黄芪鸡汤则是妈妈们爱的表达。以这样的切入点制作扶贫广告，正是制作团队基于受众中心的广告思维，以情感人，从而引发了受众共鸣，提升了子洲野生黄芪的传播效果。

第三节 以农促工，以农带旅

一、以农促工产业兴

以农促工是以农业发展为依托，带动贫困地区农产品产业发展，带动农民就业，从而实现产业结构优化升级的一种扶贫模式。以农促工是目前破解农民就业、增加农民收入、解决农村空心化、吸引农民返乡等三农问题的重要手段。总台“广告精准扶贫”项目以扶贫广告为依托，首先带动当地特色农业发展，以极强的带动力和广泛的宣传力促进地方特色农业产业化升级，增加农民就业，帮助农民脱贫致富。

以青海省为例。青海省以其独特的自然条件，造就了许多独有的绿色农产品。青海省是全国春油菜最佳生态适宜区，生产的菜籽油色泽金黄、油质纯净、味道香醇、营养丰富；牦牛肉和藏羊肉作为高原纯天然绿色畜产品，具有无膻味、高蛋白、低脂肪等明显优点。藜麦营养价值丰富、全面，有“粮食之母”的美誉，单一作物几乎可以满足人体的所有营养需求。

2017年，总台“广告精准扶贫”项目免费推介青海省四种农特产品，促进了青海省特色农产品的产业结构优化升级，地方增加了农产品销量与农民就业，加快了青海省贫困地区脱贫致富的步伐。

（一）农产品销量提升

总台的扶贫广告突出了青海省高原农产品的生态、健康和美味。广告片的播出，不仅带动了省内特色农畜产品外销，同时在促进省内相关产业发展、完善供应链体系、促进农牧民增收等方面也发挥了积极作用。通过线上线下销售渠道的开通和总台广告影响力带来的业务量增长，促使青海省特色产品销量的增加，直接带动了藜麦、枸杞种植和牦牛、藏羊养殖，帮助农牧民实现增收。

（二）延长产业链

项目实施所带来的客户流量和订单成交量提升，提振了青海省企业销售信心，有效地转变了高原菜籽油、青海藜麦、牦牛肉、藏羊肉、冬虫夏草等特色产品“锁在深闺无人识”的状态，并促进与之相关的种养殖产业发展。在扩大养殖规模和种植规模的同时，特色产品加工制造产业也得到了发展，如牛羊肉干、冬虫夏草相关保健品等加工制造业。

（三）解决就业问题

总台的扶贫广告促进了青海特色农产品的销量提升，吸引了大量农村剩余劳动力加入畜牧养殖业和农产品种植业的队伍，通过自主创业解决了就业问题。同时，随着地方产业的发展，农牧民变身成为“产业工人”，有了固定的收入来源。

（四）产业结构优化升级

总台扶贫广告的播出带动采摘游、乡村游等第三产业发展。总台扶贫广告以唯美精致的镜头语言向观众展示了农产品的鲜美诱人，也借此机会展示了农产品产地的自然风光、地理环境和人文景观。例如，在总台扶贫广告《青海囊谦旅游》篇中，优美的镜头语言展现了囊谦丰富的文化资源和特色文化产品，极大地提高了囊谦县在全国的知名度。2018年7月，囊谦县旅游人数同比增加了13.2%，旅游收入达846万元，文化产业收入达50多万元。

二、以农带旅结构优

党的十九大报告明确指出，农业与旅游业的融合是农村产业融合的重要路径，是实现乡村振兴的重要突破口。“农旅结合、以旅强农、以农促旅”是近年来贫困地区脱贫攻坚的重要策略思路。

“以农带旅”是以农、林、牧、副、渔等广泛的农业资源为基础开发旅游产品，依托现代农业发展和新农村建设两大载体，促进农业产业链延伸，建立现代农业和乡村旅游业产业体系的发展策略。

总台“广告精准扶贫”项目以公益扶贫广告为载体，利用视听语言在介绍特色农产品的同时，着重刻画扶贫农产品产地的旖旎风光、风土人情以及背后的人文底蕴，在传播农产品特色的同时，也让许多观众产生了到当地旅行的兴趣，从而促进扶贫地区的旅游业发展。

以江西省为例。2019年，江西省井冈蜜柚、莲花大米、赣南茶油、寻乌蜜桔、安远百香果、修水金丝皇菊、横峰葛根等特色农副产品入选总台“广告精准扶贫”项目，有效地提升了这些产品的综合传播效果，助推了扶贫产业的发展。江西省充分利用总台扶贫广告宣传片播出的良机，搭车宣传推介当地自然资源、营商环境以及文化旅游资源，追求项目的溢价效应，实现了社会效益和经济效益的双丰收。

（一）让扶贫地区成为旅游观光点

依托自然优美的乡野风景、空气清新、独一无二的地理位置、不同于城市的绿色空间，让游客能够放下快节奏的生活，过上理想的慢节奏的生活状态。兴建休闲、娱乐设施，为游客提供度假等服务。江西省莲花县依托绿色、有机大米品牌优势和境内丰富的旅游资源，大力发展绿色有机农业+乡村旅游事业，不断开发集民俗旅游、观光体验、绿色生态餐饮等于一体的乡村旅游项目，通过举办稻作文化旅游节等，唱响“以旅促农、以旅助农、以旅富农”的旅游品牌。

用农业科普教育基地、农业观光园、农业科技生态园、农业产品展览馆、农业博览园或博物馆，让游客了解农业的相关知识，学习有关农业的技能，增强乡村旅游的文化内涵。江西省横峰县以现代农业科技产业园为基地，兴建中国首家葛产业园，正成为旅游、研学的好去处，走出一条以现代农业产业发展和村庄建设带动休闲农业和乡村旅游发展的产村融合发展之路。

（二）让农业成为产业融合发展的枢纽

以农带旅、农旅融合是实现传统农业向现代农业转变以及三大产业融合发展的重要载体，是推动各产业相互融合渗透，将农业与旅游休闲产业有机结合的重要途径，其发展对于促进特色村镇建设具有重大的现实意义。以农带旅这种新业态是农业和休闲旅游的融合，二者相互提升，能产生1+1>2的双赢效果，有利于产业的优化升级和良性互动。

农业是衔接第二产业和第三产业的重要枢纽，江西省井冈蜜柚产业发展项目覆盖吉安市13个县（市、区），40.6万亩种植基地一方面吸引了大量农村剩余劳动力进园区务工，促进了蜜柚生产加工产业的发展，另一方面配合采摘游，又带动了第三产业的发展。以农带旅为有效带动当地贫困户脱贫致富，推动吉安市农业结构调整，发展高质量农业，帮助革命老区精准脱贫，实现乡村振兴提供了重要支撑。

（三）让农民成为旅游业的从业者

以农带旅策略能够吸纳本地本村及周边的农民从事旅游服务业，通过培训、培养，提升其服务意识和能力，培养其经营能力，能有效提升村民自我造血脱贫的能力。江西省入选总台精准扶贫项目的农产品知名度提升后，带动产品所在地采摘游、乡村旅游明显升温，当地乡镇居民积极开办农家乐，收入水平逐渐提升。

（四）让农产品成为旅游商品

以乡村观光为主，以各色农特产品为辅的乡村旅游文化，让村民足不出户便把产品卖向了全国，形成了以农特产品种养、生产加工、线上线下融合销售的模式。例如，井冈蜜柚这一产品因为“广告精准扶贫”项目而扩大了知名度，加之其产地井冈山本来就是举世闻名的革命摇篮所在地，井冈蜜柚因此成为井冈山的特色旅游产品。井冈蜜柚深受外来客商的青睐，北上广等11个省、市、自治区以及波兰、捷克等国的客商慕名前往洽谈采购和出口事宜。

第六章
价值共同体：以引导力创造价值共识

贫困是多维度的复杂问题，不仅指收入低微、经济贫困，还指人们在寿命、健康、居住、知识、参与、个人安全和环境等方面得不到满足的人文贫困。[①]美国人类学家奥斯卡·刘易斯(Oscar Lewis)曾提出“贫穷文化”的概念。贫穷文化是一种生活方式，具有自身的模式，以及明显的社会和心理后果。[②]中国学者吴理财在《论贫困文化》一文中认为，贫困文化具有自己的结构和机理，通过无所不在的各种各样的途径潜移默化地作用于生活在其中的人，使其思维、心理、行为、价值观念等都打上它特有的标记。[③]

因此，扶贫工作并不仅限于经济上的脱贫致富，更重要的是帮助贫困地区人们在思想价值及精神层面实现脱贫。

① 徐虹，王彩彩. 乡村振兴战略下对精准扶贫的再思考[J]. 农村经济，2018(3).
② 徐虹，王彩彩. 乡村振兴战略下对精准扶贫的再思考[J]. 农村经济，2018(3).
③ 吴理财. 论贫困文化(上)[J]. 社会，2001(8).

总台作为国家媒体，既肩负职责与使命，又拥有平台与品牌的优势。在“广告精准扶贫”项目中，总台与贫困地区形成了“价值共同体”，即通过内容设置和理念传递弘扬正确的价值观，在精神与文化层面建构总台与贫困地区的共同体，推动贫困地区产生脱贫致富的内生动力，以实现贫困地区的长效发展。扶贫“价值共同体”坚持以人为本，以贫困地区人民为中心，立足于国家战略与社会效益。

德国学者滕尼斯在《共同体与社会》中提到，“相互一致的、结合到一起的信念是共同体特有的意志，通过共同领会，形成特殊的社群力量和相通的感受，而这需要人们发自内心地结合与统一”。[①]在扶贫“价值共同体”中，总台通过自身的舆论引导价值，以扶贫公益广告传播使各方达成扶贫价值共识，从而调动不同地区民众的家乡共同体意识，通过建立有共同扶贫目标动力、情感归属感的精神“共同体”，真正促进贫困群体改变贫困现状，从而促进当地脱贫攻坚工作的开展。

这意味着，一方面，总台须在复杂多变的媒介环境中重塑自身的主流媒体价值，以正确的价值观引领导向，彰显主流媒体的责任担当，不断提升传播力、引领力、影响力、公信力；另一方面，总台在“精准广告扶贫”工作中，从内容设置、叙事角度、传播符号等方面传递正确价值观，形成价值共同体，进而从根本上真正摆脱贫困，实现精神与物质层面的多重富裕。

① 滕尼斯. 共同体与社会[M]. 张巍卓，译. 北京：商务印书馆，2019：95-99.

第一节 总台的价值重塑

在媒体融合发展的大趋势下，中央广播电视总台充分发挥视听传播方面的独特优势，坚持正确价值导向，引领媒体融合改革，创新发展模式，成为新型主流媒体建设的标杆，实现总台价值重塑。总台在整合自身资源的协同效应基础上，形成独特优势，并以此为突破口不断提升自身的传播力、引领力、影响力与公信力。

总台在广告扶贫的过程中，一方面推出主题公益广告，以温暖人心的精品力作弘扬社会主义核心价值观；另一方面响应国家关于精准扶贫的重要指示，持续扩大“广告精准扶贫”项目成果，助力更多贫困地区坚决打赢精准脱贫攻坚战。[①]

一、正确的价值观引领广告导向

总台将社会效益放在首位，使公益广告与国家战略相契合，围绕中心，服务大局。总台对准国家重点领域取得的重大成就和创新成果，树立“广告宣传也要讲导向”标杆，展现国家主流媒体的价值导向。

公益广告聚焦重大主题。总台制作播出的电视广播公益广告聚焦新时代，始终坚持以习近平新时代中国特色社会主义思想为指导，聚焦“改革开放40周年”“新中国成立70周年”“全面

---

① 央广网．中央广播电视总台启动广告精准扶贫及国家重大工程传播两大公益项目．发布日期2018年10月27日．检索日期2019年7月30日.检索于https://baijiahao.baidu.com/s?id=1615436978458888041&wfr=spider&for=pc

建成小康社会”“中国共产党成立100周年”等一系列重要报道节点，同时也关注国家重大战略部署，弘扬中华传统文化，关注生态文明建设等，不断推出讴歌祖国和人民的精品公益广告，如《看过世界，更爱中国》《时光逆行》《时代楷模》等，把握了正确的政治方向和价值取向，创新了公益广告的内容和样态。

公益广告聚焦典型个体。总台公益广告将视角对准百姓生活、弘扬美好品德，《关爱老人——打包饺子篇》《器官捐献——妈妈的心跳篇》等一系列感人走心的公益广告在社会上引起了广泛好评。很多脍炙人口的公益广告词，如诉说梦想的“心有多宽，舞台就有多大”，关注公民义务献血的“生命因你而奔流不息”，聚焦个体的“再一次为平凡人喝彩”，给受众留下了深刻印象，更是传达出尊老爱幼、诚信、友善、和谐等社会主义核心价值观的内容。总台还积极开展与网络视频网站、铁路交通部门等的合作，拓展了公益广告播放渠道，扩大了公益广告的受众范围，弘扬了正确价值观，传播了社会正能量。

二、“广告精准扶贫”彰显责任担当

在全媒体时代，总台依托强大的传播覆盖力、平台整合力和品牌影响力，在不断的开拓创新中履行中央主流媒体的责任与担当。作为贯彻落实习近平总书记精准扶贫重要战略思想以及“广告宣传也要讲导向”等重要指示的成功探索，“广告精准扶贫”项目把信息传播的一次性消费转化为社会资源的可持续循环，创造出更多新机会和新价值，彰显了国家主流媒体的责任担当。

广告助力脱贫攻坚。2020年是我国实现农村贫困人口脱贫、全面建成小康社会目标之年。“广告精准扶贫”项目是总台针对全国脱贫攻坚任务较重地区推出的扶贫项目，通过在总台各频道免费播出公益广告片的形式，展示贫困地区自然环境和风土人情，帮助贫困地区名优农产品免费登陆央视，以品牌传播带动地方经济发展，推动地区脱贫，打赢脱贫攻坚战。自项目实施以来，截至2020年5月25日，“广告精准扶贫”项目共帮扶22个省/自治区/直辖市（含新疆建设兵团），项目覆盖超过332个贫困县，其中辐射到186个民族地区县、96个边疆地区县、168个革命老区县。“广告精准扶贫”项目借助总台这一平台，实现了城市和乡村、中央和地方的合作共振，项目因地制宜，使各级政府发挥各自的优势，在媒体和产品之间搭建起展示的桥梁，运用数字化融媒体技术，保证传播效果惠及更多人群。

打造区域优势品牌。2019年，总台持续深入贯彻落实党的十九大精神，践行区域协调发展战略，依托国家级平台优势，在注重精准扶贫的同时，也助力区域经济协调发展，使地域品牌成为唱响全国乃至全球的新名牌，品牌价值日益凸显。例如，陕西汉中仙毫公益广告片播出以后，根据浙江大学中国农业品牌研究中心最新发布的“2019年茶叶区域公用品牌价值”，汉中仙毫品牌价值达25.69亿元，较之前增长了3.1亿元，位列茶叶区域公用品牌第22位。福建寿宁高山茶2019年被确定为世界（上海）武术锦标赛指定用茶；政和白茶、建阳橘柚入选2018年“中国品牌价值评价榜”5亿元榜单，其中政和白茶品牌价值达46亿元。怀化碣滩主动申请浙江大学CARD中国农业品牌研究中心的评估，品牌价值达20.03亿元，产品成功走进第一届中非经贸博览会等重要展会现场，成为展会指定用茶。

总台通过公益扶贫广告，提升品牌价值、助推精准扶贫，共推荐贫困地区农副产品128种，累计投入屏幕时间99 957分钟，广播广告9 033分钟，资源刊例总价值达64.06亿元，受益贫困户达155万户、540万余人，受到多省（区/市）各级党委和政府的高度重视，成为脱贫攻坚战的重要抓手、彰显总台责任担当的生动印证。

第二节　精准扶贫广告的价值延伸

总台“广告精准扶贫”项目坚持正确的政治方向，秉承“导向为魂、创意为本、传播为要”的理念，充分发挥总台的平台与资源优势，全方位、多频次、高强度地进行宣传推广，吹响以广告助力脱贫攻坚的集结号。

一系列精心制作的扶贫广告从家国情怀、自然风光、产品特色及情感共鸣四大叙事角度入手，运用民族、地理、仪式等传播符号，塑造出生动立体的贫困地区及人民形象，传达了家国精神、品牌价值以及勤劳勇敢、自强不息等理念，帮助贫困地区实现精神脱贫。总台的精准扶贫广告不仅从物质层面带动了贫困地区脱贫致富，更从精神层面提升了贫困人口的思想素养，凝聚共识，形成合力，构建全社会扶贫“价值共同体”。

一、叙事角度：讲好故事，以情动人

近年来，公益广告越来越多地采用“叙事”去传达情感，表达态度。故事是一种强有力的“说服”方式，一个好的故事不仅

可以传播信息，更可以传播态度、传递观点。对精准扶贫广告来说，学会如何“讲故事”变得越来越重要。精准扶贫广告以家国情怀提升主流媒体传播价值，以自然风光凸显贫困地区生态价值，以产品特色展示农产品品牌价值，以情感共鸣彰显扶贫行动人文价值。精准扶贫广告从不同的叙事视角出发，讲好故事，抓住产品亮点，以情感诉求打动消费者，同时也延伸了总台的价值引领作用，取得良好传播效果。

（一）家国情怀：强化主流媒体传播价值

以百姓视角展现家国情怀，以人文关怀引发情感共鸣。总台精准扶贫广告从普通人的视角出发，将家国一体的观念融入广告叙事，把个人层面的家庭幸福与宏观层面的国家富强联结起来，激发观众内心的集体意识、家国情怀，拉近了观众与贫困地区的心理距离，从而提升了观众的扶贫热情。

在新疆生产建设兵团四十七团沙海老兵村的扶贫广告中，一开篇便是浩瀚无边的沙漠画面，沙海一望无际、寸草不生，象征着环境的恶劣与生命的艰难，让人直观感知到这里并不宜居。随着镜头移动，穿过层层沙丘，画面远方出现一片绿洲，广告中将这片绿洲形容为“沙漠上的明珠”，这片绿洲就是新疆生产建设兵团所在地。艰险恶劣的自然环境与沙漠中的生命绿洲形成对比，勾起人们对当年军民屯垦戍边历史的记忆，一代代人为了守卫祖国边疆做出了巨大牺牲，彰显出兵团军民“舍小家为大家”的家国情怀，令人心生敬意。

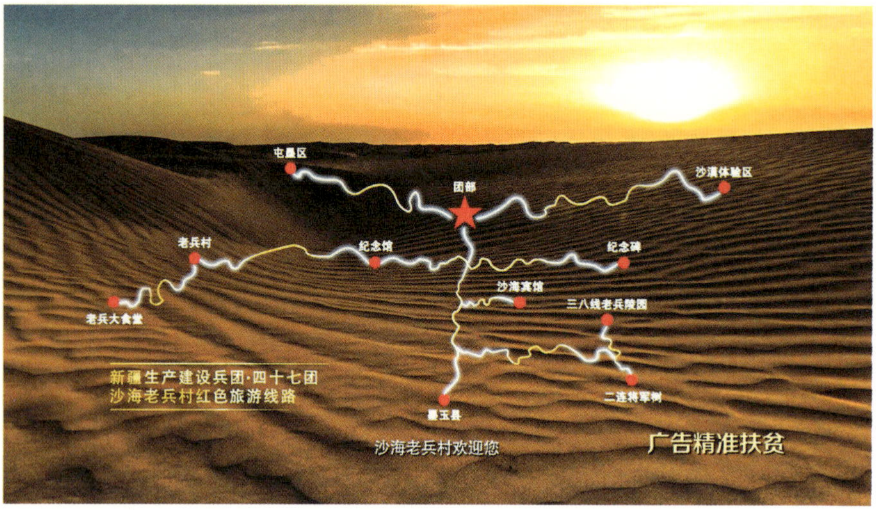

新疆生产建设兵团四十七团沙海老兵村广告

随后，广告选取胡杨林景区作为宣传点。沙漠中，一棵棵傲然挺立的胡杨指向一个个顽强的生命，使人想起了令人敬佩的“胡杨精神”：生而千年不死，死而千年不倒，倒而千年不朽。胡杨就象征着戍守边疆的卫士，将家国情怀具象化，这一意象也契合了脱贫攻坚任务的要求：即使身处逆境，也要坚持理想，永不放弃。

总台用一支扶贫广告片，直观地向久居城市的观众展示了边疆戍守的艰难，歌颂了祖国建设者们勤劳质朴的品质。而兵团在人们心中的光辉形象与当地实际贫困落后的面貌形成鲜明对比，激发了消费者对贫困地区的帮扶热情，拉动了消费，让贫困地区受了益。

而为广西壮族自治区投放的《昭平茶叶》篇广告则将昭平茶叶与家国情怀、思乡之情联系起来，呈现出诗意的爱国思乡恋家之情。

广西昭平茶叶广告

是什么让人乡情难忘？是云雾高山，是生机勃发的森林、万古奔流的河水，还是无边无际的茶园？

广告词以乡情开篇，画面中出现云雾中的层层青山与清澈河流。自古以来，山与水被赋予了许多文化内涵与道德隐喻。《论语》中曾讲："智者乐水，仁者乐山。"山向来被视作安稳、厚重的象征，水则常指代长江、黄河，哺育代代中华儿女。远行的游子在怀念家乡时常以山水指代故乡，广告中的山水元素为昭平茶叶赋予家的内涵，让产品多了一份厚度。对个人而言，家是心之所向，而对千千万万中华儿女来说，中国便是他们的故乡。昭平茶叶广告将中国的山水意象、茶文化与家国情怀有机结合，消费者在"天涯共此时"的共情中，对昭平茶叶与贫困群众产生紧密的情感联系。总台扶贫广告提升了昭平茶叶的品牌价值和市场影响力。2019年10月，昭平县位列中国茶业百强县榜单第21位。

家国情怀是公益广告的重要主题之一，体现了个体对价值共同体的向往与认同。总台精准扶贫广告立意深刻、表达平实，由点及面，用百姓语言彰显大爱，以家国情怀为出发点进行广告宣传，积极发挥价值引导作用，彰显主流媒体的责任担当与价值追求。

（二）自然风光：凸显健康生态产品价值

壮美山河与生态产品相互映衬，自然景观与人文特色相得益彰。习近平总书记提出了“绿水青山就是金山银山”的发展理念。总台从贫困地区的自然生态视角制作系列扶贫广告片，不仅展现当地秀丽风光，吸引大量游客，更借用优美的生态环境推广贫困地区优质原生态农产品，打造生态健康的农业品牌。

2017年8月，“广告精准扶贫”项目在青海省启动。青海系列扶贫公益广告片融青海优美的自然风光和得天独厚的自然环境为一体，凸显了青海高原农产品的原生态、健康和美味。

青海牦牛肉广告

在青海牦牛肉的广告中，以“高原—生态—营养—美味”为叙事逻辑，用大量画面渲染青海独有的自然风光。在“高原”部分，蓝色是影片主色调。青海地处高原，空气洁净，天空比平原地区看上去更蓝，湖水清澈、水天一色的画面令人陶醉，将青海与无污染、洁净等寓意相联系，高原的自然优势得以显现。“生态”部分，绿色成为主色调。绿色是牧草的颜色，象征着生机与希望，画面中成群的亮黑色牦牛在绿意盎然的草原上肆意奔跑，极具视觉冲击力。绿色的牧草郁郁葱葱，代表这里水草肥美，牦牛强有力的身躯则代表其肉质鲜美，隐喻了青海的绿色生态环境。广告为观众营造出积极的心理暗示，使观众自然而然地对青海农产品产生健康、无公害的印象，购买行为更主动，消费意愿更强烈，消费心理更放心。

牦牛肉广告片播出后，仅“大美青海微商城”的销售额就超百万元，还带动青海特色产品黑红枸杞、羊肉在各个平台销售破百万元。农产品客流量和订单成交量的提升，有效地带动了青海藜麦、牦牛肉、藏羊肉、冬虫夏草等特色产品“走出去”，更直接带动了相关产业农牧民实现增收。

“广告精准扶贫”项目精准施策、精确定位，将展现优越自然风光定为青海地区扶贫广告片的叙事发力点，塑造出生态健康、品质卓越的青海形象，增加观众对贫困地区的认同，引导消费。自然风光因此而成为“广告精准扶贫”的叙事利器。

（三）产品特色：展现产品独有稀缺价值

因地制宜展现产品价值，天然与盛产实现物美价廉。“实事求是，因地制宜，分类指导，精准扶贫”是习近平总书记对精准扶贫的重要指示。为保证不同贫困地区推介产品真正达到预期效果，“广告精准扶贫”项目坚持以效果为导向，选取最能代表贫困地区产品特色的农副产品进行推广，突出特色农产品天然、优质、稀缺与廉价的特质，用价格吸引消费者，用品质说服消费者。

四川大凉山青花椒色泽碧绿、颗粒硕大、麻香俱全的独特品质高居各类花椒榜首，是川菜不可或缺的配料和调味佳品，但市场对大凉山农产品认知度不高，使其陷入“酒香也怕巷子深”的境地。总台精准扶贫广告通过对产品特色优势的介绍和宣传，为其打开销路奠定了基础。

四川大凉山青花椒广告

粒粒青脆饱满、麻味欲滴，海拔2000米高山种植带，10个月无人工干预自然天成，从深山里搬出来的天然滋味。

优质的青花椒一般需通过颜色、香气、外观、味道等方面来鉴别。广告展示了大凉山青花椒的采摘过程，高山种植环境保证了青花椒的原生态品质，刚采摘下来的青花椒呈深翠绿色，粒粒圆润饱满。广告还设置了食客由昏昏欲睡到容光焕发的情节转换，使大凉山青花椒浓郁扑鼻的麻香、麻味具体可感。

四川大凉山苦荞茶广告

大凉山苦荞茶广告片则瞄准苦荞的滋补功效。“实肠胃、益气力、续精神”是《本草纲目》的权威阐释，广告片将苦荞茶与中医结合起来，用中医为苦荞的功用品质做出权威的注解。最后，用“世界苦荞在中国，中国苦荞在凉山”来呈现大凉山苦荞的卓越品质，降低观众对大凉山苦荞质量的认知成本，用过硬的品质和物美价廉打动消费者，促成消费行为。

大凉山农产品公益广告提升了大凉山苦荞茶和青花椒的知名度和美誉度。其中，苦荞茶在广告播出后实现了销售收入2.9亿元，同比增长46%。大凉山农产品产业、实体、农户都得到了实惠，等量广告价值近10亿元。

依靠产品的品质与特色，精准扶贫广告项目更提升了贫困地区农产品的整体形象，展示了产品价值，形成了品牌效应。对产品品质的重视，也体现了总台坚守广告的真实原则，以真材实料打动消费者，产品特色成为助力贫困地区依靠销售农副产品实现脱贫的中坚力量。

（四）情感赋能：消费者与贫困户情感共鸣

情感是人类永恒的话题，共同的情感联系会激发相互认同。扶贫广告用画面展现凝结在农产品中的辛勤劳动等优良品德，以朴实为本，用真诚感人。同时，扶贫广告还深挖农产品背后的人文价值，凸显扶贫政策的深刻用意，引导消费者对贫困地区产生好感与认同，与贫困人民共情共感。

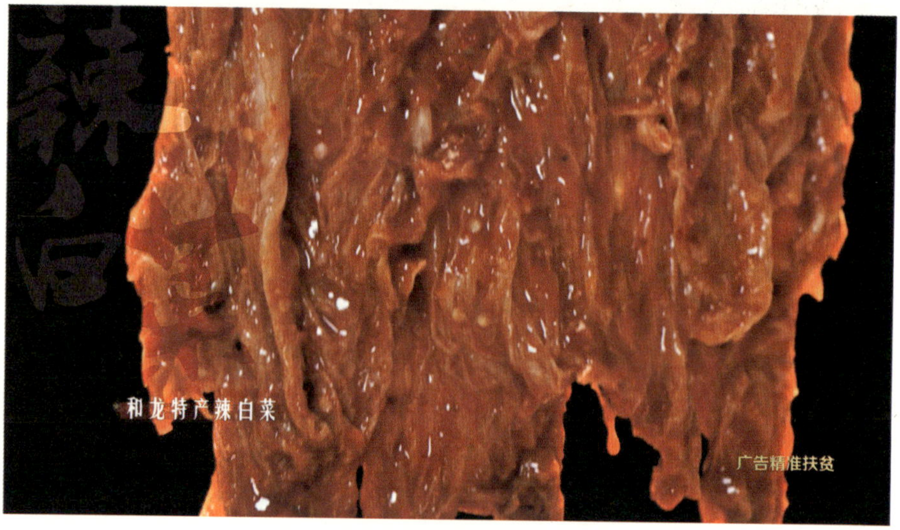

吉林和龙辣白菜广告

吉林省和龙辣白菜的扶贫广告运用了朝鲜族特色歌舞元素，向观众展示朝鲜族人民活泼乐观的精神面貌。画面中，8位朝鲜族中年妇女身着粉绿色服饰聚集在一起跳舞、聊天，让人很容易联想到自己的母亲或亲人，充满亲切感。广告拉近了观众与朝鲜族人民之间的距离，歌舞象征着欢乐与热情，粉绿相间的裙子则通过鲜艳的色彩帮助影片营造了明丽轻快的叙事氛围，观众因此顺畅地与贫困群众产生了情感共鸣。

吉林和龙辣白菜广告

广告开篇指出当地民众会在初冬季节集中腌制辣白菜，无形中将辣白菜腌制塑造成为一种包含家庭幸福的情感仪式。随着初冬来临，几乎每个朝鲜族家庭都要开始一冬的辣白菜腌制活动，为全家准备每日必备菜肴的行为蕴含着家庭女主人的辛勤付出与对家人的爱；沾满红色香辛酱料的辣白菜隐喻着“红红火火”的意象，香辣可口的辣白菜也让观众联想到一家人其乐融融共进晚餐的画面，产品与美好意象相连，与正面情绪贯穿，运用情感诉求使辣白菜的销售行为发生得更加自然。

随着扶贫广告片的传播，吉林和龙辣白菜的市场范围从省内向省外延伸，销售渠道从线下向线上拓展，实现零费用广告、零成本渠道、零风险销售，泡菜销量同比增长50%，乡村旅游产业也被带动起来了，和龙金达莱村变成了“金山银山”，当地贫困户实现了增收，收获了真实惠。

情感元素的运用让扶贫广告浸润了人情味，细腻柔和的方式让受众对产品产生正面认知，促使消费者与贫困地区群众产生情感共鸣。诉诸情感、引发共鸣成为扶贫广告打动观众的魅力因素。

二、传播符号：移情于物，以小见大

视听语言中融入符号元素，可以将情感记忆物化呈现，让内蕴精神具体可感。“广告精准扶贫”项目在广告中大量运用民族、地理、仪式等符号，塑造出多维立体的贫困地区形象。一方面，符号的运用丰富了扶贫广告的内容，展示了扶贫主题，传递了广告内涵。另一方面，符号的运用也让扶贫广告的意旨更加明确具体，便于受众理解与传播。

（一）民族符号：民族风情，美美与共

民族地区是国家脱贫攻坚的主战场和硬骨头，民族符号也成为扶贫广告中的重要符号，展现了我国多元文化与民族特色。

南疆红枣的广告片展现了新疆壮丽独特的自然风景，多次出现了蕴含新疆少数民族特征的传播符号（见表1）。在广告片开头，三次出现一双手敲鼓的画面，鼓点极具节奏感，富有新疆少数民族特色，为整部广告片奠定了欢快的基调。鼓点声与红枣成熟坠落的声音形成互文，巧妙衬托出红枣的饱满丰硕。此外，新疆人多爱戴绣花帽子，服饰喜用鲜艳对比色，象征着新疆人民热情奔放、乐观开朗的民族性格。片中几个新疆姑娘身着鲜艳的红色少数民族长裙，头戴花帽、一头乌黑浓密的长发编起两条麻花

辫，在阳光下露出灿烂笑容。这样的场景在片中出现三次，明艳动人的新疆姑娘们在枣树下摘红枣、随摘随吃的场景，将观众对新疆人民的好感自然嫁接到同样“身着红衣”的红枣上，形成对产品的认同。

表1 南疆红枣广告片中的民族符号

民族符号类别	“南疆红枣”广告片中的民族元素	频次
文化艺术	新疆鼓	3
风俗习惯	民族服饰：鲜艳红裙、特色花帽、编辫子	3

广告运用“转喻”手法，通过符号化的呈现方式，以少数民族的人物形象、文化艺术与风俗习惯表现民族文化，以小见大，使消费者易于接受和理解，既勾起观众对民族风情的好奇，又拉近了不同民族受众之间的情感距离。

广告播出后，南疆红枣的企业收购量明显加大，解决了以往滞销、价格低等实际困难。2019年麦盖提县已建立三家期货交割库，红枣总产值预计可突破20亿元，红枣人均纯收入可达6 400元左右。

独具特色的民族符号激起了观众的关注与好奇，更让人感叹中国各民族的美美不一、美美与共，提升了民族整体形象。民族符号成为少数民族地区扶贫广告别有风味的制胜法宝。

（二）地理符号：美好河山，风景独有

各具特色的地理符号展现出祖国的疆域辽阔、环境多样与物产丰富。地理符号被运用于广告片，展现出农产品的生长环境，增

强了产品品质的信服力，也展示了中国丰富多样的地理特征，民族自豪感与产品优势的有机结合，使广告传播的脚步更扎实。

乌兰察布马铃薯是中国地理标志产品，面积和产量在全国地级市里排名首位，有“中国马铃薯之都”的美誉。广告片从乌兰察布得天独厚的地理特征出发，三次强调乌兰察布的位置优越性：“阴山脚下”意味着乌兰察布深居内地、远离海洋，充足的日照利于有机物积累；“北纬41度”表明乌兰察布位于温带地区，昼夜温差大、雨热同季；随后，广告道出乌兰察布的气候特点：“平均18.8度的冷凉气候”适宜马铃薯生长。片中还两次展示乌兰察布的环境优势，大片风车风力发电的镜头体现出这里气候干燥，也隐喻着当地清洁能源丰富，工业污染少，马铃薯品质更有保障；肥沃疏松的沙质土壤镜头，表示土地状态利于马铃薯块茎膨大、干物质积累。这些地理符号在几十秒内层层叠加，让“孕育了绵沙可口的乌兰察布马铃薯”这一结论更令人信服（见表2）。

表2　“乌兰察布马铃薯”广告片中的地理符号

地理符号类别	“乌兰察布马铃薯”广告片中的地理元素	频次
位置	阴山脚下、海拔1400米、北纬41度	3
气候	冷凉	1
环境	风车风力发电、沙质土壤	2

精准扶贫广告鲜活地呈现出贫困地区的地理符号和特色，专业化的解读，增进了观众的认知与信任，不仅打开了乌兰察布农产品的销路，同时也展现了祖国大好河山的面貌，体现了总台的高远立意与价值引领。

（三）仪式符号：文化内涵，价值载体

仪式活动古已有之，仪式符号也是传播的重要内容。美国传播学者詹姆斯·凯瑞曾在《作为文化的传播》一书中说道："传播的仪式观并非直播讯息在空中的扩散，而是在时间上对一个社会的维系；不是指分享信息的行为，而是分享信仰的表征。"① 仪式是价值观与意义的载体，广告通过仪式符号分享中国人共同的文化、信仰，促进观众形成共同的文化记忆。

表3　两部广告片中的仪式符号

广告片内容	仪式符号类别	广告片中的仪式元素	频次
新疆生产建设兵团红色旅游	仪式标志	红领巾	7
		少先队礼	2
陕西米脂小米	仪式流程	收割、割穗、晾晒、扬场、筛选	5

新疆生产建设兵团红色旅游的广告片中设置了小朋友与老兵参观纪念馆的环节，并突出了小朋友们佩戴红领巾、对解放和田纪念碑敬少先队礼的行为。任何文化仪式都有自己的象征标志和符号，七次出现的红领巾是少先队员的标志，红领巾象征着红旗的一角，具有"用革命先烈的鲜血染成"的深刻意义，鲜艳的红领巾飘荡在小朋友们胸前，也表示了红色的种子在他们心中生根发芽。少先队员将右手五指并拢、高举头上的少先队礼，意味着人民利益高于一切，片中两次出现少先队礼符号，让广告更具仪式感、庄重感。这些仪式符号有利于精炼传播红色文化，将抽象的情感内涵具象化，观众只需捕捉仪式符号即可直观感受爱国之情。

① 凯瑞.作为文化的传播[M].丁未，译.北京：华夏出版社，2005：7.

陕西米脂小米的广告片运用了“秋收”这项中国传统文化中的丰收仪式符号。“秋收”在片中主要是通过仪式流程表现的：从“米脂婆姨和庄稼汉们”在田间辛勤收割，到割谷穗、晾晒、扬场，再到最终筛选，层层相套，每道工序都不可或缺，形成严密的仪式流程。看完谷物收获全程，米脂小米便不再是唾手可得的普通农产品，观众懂得了它背后所蕴含的勤劳汗水和中华民族几千年的种植文明。广告将米脂小米的产品特色融入丰收的仪式符号中，人们品尝米脂小米时，也会带着敬畏之心与珍惜之情。“秋收”将农作物收获这一场景仪式化，进而情感化，体现出对劳动的赞扬，传递出珍惜粮食的价值理念。

仪式的传承凝聚了大量约定俗成的社会共识，是中华文化中不可或缺的一部分，仪式符号的运用让消费者在观看广告时更有代入感。在信息碎片化、传播娱乐化的时代，总台致力于传播中华优秀文化，起到教化人心、精神引领的重要作用。

三、价值共识：凝心聚力，精神脱贫

价值共识是不同主体对价值观念达成的基本一致的观点和态度。中华民族在漫长的历史轨迹中，培育、继承、发展起来了伟大民族精神。中国人民拥有一脉相承的精神火种，在脱贫攻坚的实践中，更应凝心聚力、凝聚共识。总台作为中国最重要的舆论传播阵地，肩负国家责任、社会使命和人民期待，“广告精准扶贫”项目以更高标准要求自身，站在国家高度去思考时代命题，在广告宣传中积极引领价值导向，助力社会各界达成共识、形成合力。

（一）弘扬家国精神：唤醒社会责任意识

弘扬家国精神是社会主义核心价值观的内在要求，是总台作为国家主流媒体的社会责任所在。“历史告诉我们，每个人的前途命运都与国家和民族的前途命运紧密相连。国家好，民族好，大家才会好。”这是习近平总书记的重要阐述。“广告精准扶贫”项目以家国精神为基础，弘扬主旋律，唤醒扶贫攻坚中社会各界的责任意识。

新疆生产建设兵团四十七团沙海老兵村广告

总台关心支持新疆生产建设兵团脱贫攻坚工作，把兵团贫困程度最深、脱贫任务最艰巨的南疆师团纳入“广告精准扶贫”项目。

广告用“沙漠中的明珠”、胡杨林等意象，向观众展示了四十七团的红色历史，表现了当地人民的家国精神；屯垦戍边体验项目的呈现，打破了时空隔阂，让观众透过屏幕重温峥嵘岁月。片中七次出现“红星”符号，在房门正上方、军帽上、年轻游客手中……红色五角星象征着革命历史，象征着生机迸发，也象征着无私奉献的爱国精神。兵团红色旅游广告片不仅激发了观众对祖国的赤诚热爱，也传递了主流媒体的价值观。全国观众通过广告理解了四十七团的意义，了解了那段历史，感受到了家国精神的号召力与凝聚力。

“广告精准扶贫”项目提升了兵团红色旅游线路品牌的社会影响力。2019年，兵团共接待游客5.42万人次，游客数量较2018年全年接待3.72万人次实现显著增长，为四十七团大力发展红色旅游产业、推动经济高质量发展、带动群众增收致富注入了强劲动力。

广告在潜移默化中让每一个中国人都感受到了这种既宏大又细腻的精神——家国精神。这种精神让中华民族形成了强大的归属感，个人的小家同国家的命运紧密联结，使国家、社会、家庭和个人成为不可分割的整体。总台扶贫广告紧紧把握国家发展脉搏，用影像唤醒社会各界的责任感，凝聚社会共识，让扶贫成为大家共同关心的话题。

（二）铸就品牌价值：国家平台成就国家品牌

“广告精准扶贫”项目没有停留在对产品的售卖层面上，而是致力于打造贫困地区优势产品的品牌价值、培育贫困地区的经济可持续发展能力。

陕西子洲黄芪通过“广告精准扶贫”项目登上总台的屏幕，产品销量陡增。依托国家媒体平台，此番宣传带动了子洲县中药材产业的进一步发展，“子洲黄芪”叫响了口碑、打出了品牌。2019年，子洲黄芪片的年销售额从155万元增加到520万元；子洲黄芪特级条从每公斤190元升至每公斤220元，新增黄芪种植面积2万亩。品牌价值的提升鼓舞了农民种植黄芪的热情，也增加了农民收入。以前种植普通农作物，一亩仅收入几百元，扶贫广告播出后种植黄芪，每亩收入3 000元。品牌价值对产品的加成作用在子洲黄芪身上体现得淋漓尽致。

“广告精准扶贫”项目通过庞大的传播矩阵，擦亮了贫困地区农产品的品牌“名片”，激活了贫困地区的内生动力。子洲县政府从黄芪发力，以中药材产业作为子洲产业转型升级的“引爆点”。在扶贫广告播放期间，黄芪种植大户及企业，充分利用抖音、快手等网络平台宣传子洲黄芪，开展直播售卖，提高了子洲黄芪的品牌知名度，产生了巨大的蝴蝶效应。

大国经济需要大国品牌，大国品牌需要大国传播。总台发挥主流媒体使命，化身贫困地区新名片的传播者，授人以渔，帮助贫困地区掌握长久的致富技能，推动地方产业配套升级与发展，让扶贫广告的光芒尽可能照射到更多的贫困人群。品牌价值的构建与提升让总台“广告精准扶贫”项目有了更深远的意义。

（三）致敬勤劳勇敢精神：用劳动实现脱贫致富

勤劳勇敢精神是中华民族的优良美德，也是贫困地区脱贫致富不可缺少的精神力量。这种精神奠定了中华民族坚不可摧的立业根基，要打赢脱贫攻坚战，勤劳勇敢、艰苦奋斗精神必不可少。总台的扶贫广告片中，多次突出了对勤劳勇敢品质的肯定与赞扬。

云南镇雄云笋广告展现了当地竹农辛勤劳动的场景：春秋两季清晨，竹农脚踏云雾，攀山采笋。画面中，一行人冒着晨雨，排成长队翻山越岭，在茂密复杂的丛林中寻找竹笋，一位年轻竹农一边擦汗一边采竹笋的镜头令人感慨：这是当代贫困人民的缩影，虽然贫困，但他们依然用双手奋斗未来。在重庆石柱蜂蜜广告片中，“追随蜜源，四季奔忙，山高路陡，辛勤劳作”是当地众多采蜜人每天的行动轨迹。片中父子二人不畏险阻，父亲虽年岁已高，仍坚持上山采蜜，这是中国千千万万劳动群众的真实写照。精准扶贫广告对采蜂人勤劳勇敢品质的捕捉与侧重，传递出总台尊重奋斗、致敬劳动的价值取向。

云南镇雄云笋广告

重庆石柱蜂蜜广告

2019年，湖南保靖黄金茶扶贫广告登陆总台，保靖的茶农们收看广告后产生精神震荡：他们决心呵护好保靖的古茶园，保护好古茶树，打造好保靖生态茶叶。2019年，保靖原计划新造茶园500亩，总台公益广告的播出打消了贫困群众的疑虑，他们抓紧时间炼山整地，树立信心，辛勤劳动，最终实现2 000亩土地流转，用于茶叶种植。扶贫广告播出后，保靖黄金茶对外市场销售量大幅提升，2019年7月保靖黄金茶的销售额达912.6万元，同比增长42.9%，截至2019年11月中旬，产品整体销售价格比往年增加20%左右，全年销售额预计达8亿元，较2018年增长33%，茶农大幅增收。

扶贫广告的意义不仅在于播出后成交订单数量的增长，更在于其对贫困人群精神的激励与鼓舞，用勤劳脱贫、以勇敢致富是“广告精准扶贫”项目带给贫困户们更为深刻长久的改变与影响。

（四）传递自强不息精神：激活脱贫内生动力

自强不息精神是激发人民脱贫致富的内生动力，也是推动贫困地区可持续发展的关键因素。习近平总书记曾强调：“如果扶贫不扶志，扶贫的目的就难以达到，即使一度脱贫，也可能会再度返贫。”作为国家主流媒体的扶贫项目，“广告精准扶贫”从长远处考虑，在广告中传递自强不息、开拓进取精神，激活贫困群众脱贫的主动性。

陕西子洲黄芪广告

陕西子洲黄芪广告展示了农户采摘、专业人员筛选、工厂先进设备加工的全产业链，一改人们对贫困地区落后被动的印象，子洲以自身实践展示扶贫工作的积极作为，激励了当地和其他地区贫困群众发挥智慧、增强主动性，提升了农产品附加值。子洲县林兴庄村的贫困户郭凤红夫妇二人通过种植20亩黄芪，每年收益1.2万元，又利用农闲时间在当地黄芪加工企业打工，年收入六七万元，夫妻二人成了脱贫致富的践行者。子洲县以黄芪为发力点，大力发展中药材产业，改变过去单纯依靠发钱发物的脱贫模式，通过“广告精准扶贫”的契机深耕产品价值链条，打造产业集群，激发贫困户的自身动力，变“输血”为“造血”。

此外，通江银耳公益广告播出后，四川省通江县为适应产业高质量发展的需要，在产业规模、园区标准化建设、科学研究水平等方面进行大幅度提档升级，初步形成“园区+龙头企业+专合社+专业大户+农户”的发展模式。据当地政府规划，通江银耳产业2019年实施“产业倍增计划”，从扩大生产规模、推进园区建设、延伸产业链条、提高科研水平等多点发力，助推通江银耳产业做大做强。当地种植户表示，种了多年银耳，过去都是“小打小闹”，赚点零花钱，但现在银耳已成为主要收入来源了。

“广告精准扶贫”项目的成效破除了部分贫困群众“等靠要”的想法，有力激活了贫困群众自身的能动性，挖掘了其内生动力。物质扶贫决定农村脱贫的广度，精神扶贫决定农村脱贫的深度，精准扶贫广告努力实现物质扶贫与精神扶贫两手抓，彰显了总台的使命与责任担当。

第七章
总结与展望：精准扶贫的媒体使命与创新路径

在前面的章节里，我们总结了中央广播电视总台开创的“嵌入式共生”媒体扶贫模式，以及在这一模式下，对于四种关系共同体的打造。

总台响应习近平总书记关于“广告宣传也要讲导向”的指示精神，提出了媒体的责任和使命，并以“国家品牌计划–广告精准扶贫”项目为实践，成为中国媒体行业中“第一个吃螃蟹的人”。《人民日报》、新华社相继报道并高度评价“广告精准扶贫”项目的成效。这次创新也启发了众多媒体经营者，全国各地以行业、区域为单位的广告扶贫计划、媒体扶贫行动如雨后春笋般涌现，构成了近年来媒体行业的一场集体行动。

到2020年年底，我国实现全面建成小康社会的目标，温饱线以下的贫困现象将被消除，但脱贫成果需要继续巩固。本章，我们从“战略–机制–手段”的逻辑关系出发，结合总台和其他媒体的精准扶贫经验，继续思考媒体精准扶贫的发展方向，为我国媒体的创新扶贫体系建设提供借鉴和启发。

第一节　创新扶贫体系的战略目标

从战略层面来看，我国媒体的发展始终与国家战略紧密联系在一起，其具体实践都是在服务国家发展需要，因此，响应国家战略进行内容生产和创新发展是媒体扶贫实践的核心出发点。同时，作为社会主义市场经济的一员，媒体在参与扶贫工作的过程中，应将公信力作为社会效益和经济效益的契合点，在帮助贫困农户的同时提升自身的平台价值。

一、打造扶贫品牌：产品品牌与项目品牌彼此成就

我国已进入高质量发展阶段，品牌战略逐渐得到国家层面的重视。

2014年5月10日，习近平总书记在视察央企时提出“三个转变”重要论述，其中“中国产品向中国品牌转变”首次将品牌提升到全局和战略的高度，相关学者和从业者因此将2014年称为“中国品牌元年”。

2016年6月20日，国务院发布《关于发挥品牌引领作用 推动供需结构升级的意见》，这是中央政府第一次针对品牌的作用发布正式文件，并对品牌建设提出了具体指导意见。2017年4月24日，国务院批准将5月10日设立为“中国品牌日”，这进一步彰显出国家对品牌的重视，标志着“发挥品牌引领作用”已上升到国家战略高度，加强品牌建设，将成为实现经济高质量发展、满足人民日益增长的美好生活需要的重要内容。

响应国家脱贫攻坚的时代号召，发展品牌战略的积极引导，我国媒体从战略层面应注重将品牌意识融入扶贫工作，打造中国式精准扶贫品牌。

一方面，对于帮扶对象来说，“广告精准扶贫”项目在帮助贫困地区的产品和服务拓宽销路的同时，也要对其进行品牌孵化与塑造，为帮扶对象培育无形资产。在项目开展过程中，从产品筛选到产品定位，从广告投放模式选择到广告传播效果评估，媒体都要以品牌化的思维提升贫困地区农产品的核心竞争力，突出其地域特征和产品质量，彰显其地理标志意义。在前文中我们也提到，总台通过“广告精准扶贫”项目，培育了一系列区域农业品牌，盘州市火腿、开县春橙、固原枸杞等都借助总台推介被全国人民知晓，体现了“国家平台成就国家品牌”的平台定位。

另一方面，对于扶贫工作而言，媒体也要注重将扶贫项目打造为品牌工程，形成特色和规模，以扩大影响力和动员力。十八大之前，我国的扶贫工作成绩显著，但也存在项目“小而散”，扶贫资金“撒胡椒面”，扶贫措施“东一榔头西一棒子”的问题，使得扶贫工作难以形成品牌效应。总台创建的新型扶贫模式则整合了各地的分散资源，让媒体能依托自身的传播力、影响力、公信力和引导力，对贫困地区农产品进行集中宣传，促进了扶贫产业与市场需求的有效对接。扶贫工作品牌的树立，也更利于促进社会价值链形成，改变受众的态度，强化受众的认知，带动受众的行为，从而塑造消费扶贫的新风尚。以总台的“广告精准扶贫”项目为例，哪怕消费者从来没有看过这些广告，但是在他们购买农产品时，“广告精准扶贫”作为产品元素出现，也能提高消费者对产品的信任度与好感度，这便体现出扶贫工作品牌化的价值。

二、发展平台经济：社会效益与经济效益良性循环

改革开放之后，我国开始发展社会主义市场经济，我国传统媒体既是公共信息的提供者，也是广告市场化经营的渠道商，因此，如何争取将社会效益与经济效益相统一是所有媒体思考的命题。

“广告精准扶贫”模式为这一命题提供了解决思路。作为一种创新的公益传播方式，它免费为贫困地区的农副产品播放广告，给贫困地区带来了经济收入。而在这一过程中，大格局、精制作的公益广告所创造的价值尽管没有直接转换为媒体的有形资本，但可以转换并贮藏为公信力和引导力等无形资本，从而提升媒体平台的整体品质，并拉高媒体传播资源的价值，从长远来看这将提高媒体的经营创收。

因此，在精准扶贫工作中，媒体平台的战略目标应当是创造良性循环的平台经济。首先，媒体可以通过公益宣传、电视节目等内容产品，换取整个社会对自身的信任与好评。其次，媒体应以承担社会责任为根本出发点，遴选合格的扶贫产品和商业品牌，利用社会对媒体的认可来进行公益和商业广告的制作和投放，将其转化为社会和经济的双重效益。最后，媒体可以利用获得的利润进行扩大再生产，并分配利润继续用于扶贫公益事业，以经济效益反哺社会效益，形成可持续的经济链条。

需要指出的是，在传统的受众商品论中，媒体与受众是售卖关系，即媒体吸引受众，然后将节目的受众卖给广告商以盈利，在这一过程中流通的商品是受众注意力。而在媒体精准扶贫实

践中，媒体更应当发展的是以公信力为核心的平台经济，媒体在提供导向正确的资讯服务的同时，还应与政府和帮扶对象一起，进行扶贫品牌的价值共创，向受众提供可信任、有情怀的扶贫产品信息。事实上，在这种运作模式下，消费者也将成为共赢的一方，他们既从媒体平台获得了客观及时的新闻资讯，也获得了公正可靠的品牌讯息。

第二节 创建产业扶贫机制

媒体精准扶贫是产业扶贫的组成部分，其本质是以媒体为平台和纽带，激发贫困地区立足地方特色资源发展特色产业，由此来夯实当地的产业基础，进而实现脱贫发展。媒体在扶贫项目的发起、实施和反馈过程中，也需创建相应的机制，以保证项目平稳、有效地运行。

一、产业协同机制

扶贫是一项全社会力量参与的系统工程，需要各个扶贫主体发挥自身优势，来唤醒农民手中“沉睡”的资源资产。作为产业扶贫大格局中的一分子，媒体在扶贫实践过程中应当建立起产业协同机制，带动贫困地区第一、第二、第三产业的融合发展。

媒体精准扶贫的第一步往往是选择某一产品或某一产业作为切口，这需要媒体与地方政府进行合作和对接。然而，受趋利性影响，市场利润更高的产品和产业往往更容易被地方政府列为首要发展的项目，加之媒体的集中曝光和助推，就有可能造成局部产业趋同的现象，阻碍当地产业的多元发展。对于这样的情况，媒体和地方政府首先要在前期进行妥善调研，精准把握当地的资源状况，确定最具特色的产业切入点。同时，媒体也要协助贫困地区树立品牌意识、提升自我宣传能力，合理规划当地的品牌矩阵，在发展区域主品牌的同时培养多个子品牌，以特色产业带动相关周边产业协同发展。例如，我们在分析总台“广告精准扶贫”模式时曾提到，总台在推介农产品的同时，也会展现贫困地区的自然风光和民俗文化，从而促进旅游业的发展。为了更好地吸引游客，贫困地区在农业生产的基础上，可以进一步发展并宣传景观农业、瓜果采摘、农事体验等活动，做到“以农带旅，以旅兴农”。

此外，在扶贫援助过程中也容易出现“资源诅咒”的情况，这是指区域优势自然资源反而拖累该地区经济发展的一种经济现象。如果对贫困地区的帮扶过度集中在当地的自然资源上，会让当地陷入依附低端产业链发展的困境，缺乏抗风险和可持续发展的能力，一旦媒体宣传或政府优惠政策停止，就有可能返贫。因此，媒体精准扶贫一定要具备长远眼光，不仅要帮助当地卖出产品，增加短期收入，更要重视带动当地向中、高端产业链嵌入。在宣传品类上，媒体除了宣传初级农作物，还要将目光投向深精加工农产品，由此促进加工、储存、运输等行业的发展，让更多贫困人口参与到产业链条中，分享产业链延伸所带来的收益。

二、监督管理机制

我们在前文中提到，在媒体精准扶贫的过程中，媒体与地方政府、贫困农户、扶贫产品以及广大消费者形成了一种“嵌入式共生”的关系，媒体在利用自身的社会声誉帮助贫困地区打造品牌的同时，也强化了媒体的口碑和公信力。然而，这种共生关系也让各个主体“一荣俱荣，一损俱损”，一旦出现环节操作失当、产品质量缺陷、消费者满意度不高等问题，便会反过来伤害媒体的声誉。对此，我们需要加强对具体扶贫工作的监督与管理。

首先，媒体本身具备社会监督功能，是扶贫项目的重要监督主体，媒体应秉承社会效益先行的责任担当，通过新闻和内容节目及时跟进项目情况，走访调查项目执行中的问题，对入选的扶贫项目进行更加透明和全面的自我监督。其次，地方政府与地方资源有着紧密联系，负责扶贫工作的具体落实，相关部门要建立完善的信息公开机制，定期公布扶贫项目的资金使用、招投标过程、项目结果，接受公众的问责监管。最后，在必要的时候，媒体扶贫项目也应引入第三方评估，由熟悉扶贫工作的相关专家和人员进行实地调查和数据采集，考核减贫成效和完成质量，我们在后面会对效果评价的内容作出进一步说明。

公信力是媒体最宝贵也最脆弱的软实力，媒体的公信力越高，对扶贫项目进行遴选和监督的执行力越好，在社会公众心中的认同度就越强。因此，在媒体精准扶贫工作的运行过程中，必须发挥多元主体的监督力量，注重贫困对象的精准甄别，确保帮扶资源的稳定投入，及时进行信息公开与反馈，并对项目质量进行考核。

三、效果评价机制

早在30多年前，习近平在福建宁德工作时就曾提出："真正的社会主义不能仅仅理解为生产力的高度发展，还必须有高度发展的精神文明——一方面要让人民过上比较富足的生活，另一方面要提高人民的思想道德水平和科学文化水平，这才是真正意义上的脱贫致富。"我们在前文中也提到，媒体在参与精准扶贫的过程中，不仅要帮助当地解决吃饱穿暖的物质需求，也应对贫困群众进行价值引导，帮助他们向更高质量的小康生活迈进。因此，对于媒体扶贫项目的效果评价，应从物质与精神两个方面入手。

（一）媒体扶贫的经济效果评价

从物质层面来讲，贫困地区的经济发展情况是衡量媒体扶贫工作成效的基础性指标。具体而言，当地的产业结构调整、劳动力人口流向和居民生活水平等，都可以作为评价维度。

贫困地区多面临着经济结构不平衡的问题，整体的产业层次低、链条竞争力弱。在前文中，我们指出带动当地产业协同发展是媒体扶贫的重要方向，因此，评价扶贫效果时应适当考察当地的产业结构调整情况，包括产业的多元化、层次性，以及向高端产业链的聚集程度。

人口流动尤其是青壮年劳动力人口的流动方向，是一个地区经济发展的风向标。贫困地区由于收入水平低、就业机会少，大量劳动力向外流出，难以形成经济活力，而随着扶贫项目的有效进行，可以带动地方产业发展，让更多的青壮年劳动力选择回流。以杭州市对口帮扶的贵州省黔东南州天柱县为例，在帮扶前期，赴杭就业的天柱县劳动力人数逐月上升；而在帮扶后期，随着天柱县内生经济的发展，赴杭务工的青年人数明显下降。

居民收入是生活水平最基本的量化标准，对于媒体扶贫成效的考察，既要考虑帮扶对象收入的提升水平，还要考虑其收入来源的多样化程度，如果一个家庭依靠政府补贴达到了脱贫标准，并不意味着其具备自主脱贫能力，贫困农户收入来源越丰富，才越能保证脱贫不返贫。例如，新华社记者曾采访贵州省水城县的村民祝纳明一家，总台的扶贫广告带动了当地猕猴桃产业链的发展，祝纳明一家不仅卖猕猴桃的收入增加了，还获得了土地流转的分红，再加上夫妻二人在猕猴桃园区工作的工资，年收入可达7万多元，真正实现了脱贫。

（二）媒体扶贫的社会效果评价

从精神层面来看，媒体在价值引导上具备天然优势，是帮助困难群众拔掉“思想穷根”的重要力量。富有成效的媒体扶贫项目不仅可以提升贫困群众脱贫的自主性，还能提振其对自身生活的自信心，这也可以成为媒体扶贫社会效果的评价指标。

一方面，“脱贫贵在立志”，在项目完成后，可以酌情考察帮扶对象的自我发展能力，它是指个人运用所学的知识、技能，去获取社会资源、实现自身价值的能力。只有贫困群众的基本素质、劳动技能、生产积极性都有所提高，才意味着在群众中培养起了摆脱贫困的底气和志气，也意味着媒体的“造血式扶贫”产生了效果。

另一方面，我国大部分贫困地区都具备丰富的文化资源，媒体通过扶贫项目挖掘和弘扬当地特色文化，可以帮助贫困群众提升文化的归属感和认同感。因此，考察当地群众对自身文化的感知与评价，也可以反映出媒体扶贫的社会效果。例如，总台通过对通辽科尔沁牛肉的推介，不仅激励当地积极发展养殖技术、建立产业链条，也让民众对科尔沁的畜牧历史、草原文化有了更深入的认同感和自豪感，提振了精神状态。

第三节　产品推广的手段创新

我国媒体平台积极发挥主观能动性，在技术应用、内容布局和表现形式上不断创新，为新时期扶贫工作的开展提供了新的途径和方向，同时也丰富了扶贫工作的手段和技巧，在提升受众体验的同时拓宽了扶贫产业市场，让贫困农户、企业和消费者多方获益。

一、多元推广：以融媒技术保障扶贫宣传

在“互联网+”行动计划的推动下，信息化进一步革新着我国的传播生态，媒体融合进入到提速升级阶段。

在扶贫攻坚过程中，融媒技术也已被广泛应用于媒体实践。传统媒体与新媒体平台相互协作，构建着包含电视台、互联网、新闻客户端、社交平台和视频平台的多元复合传播体系，生产着视频、图片、文字、H5、短视频等多种形式的融媒体产品，实现了扶贫产品的多元立体推广。

近年来兴起的电商直播是媒体参与创新扶贫的一种重要方式，媒体利用自身平台的公信力和影响力，掀起特优农产品直播带货热潮。2020年8月11日，中央广播电视总台推出“心连心系列公益带货直播”活动，首场活动走进四川凉山州喜德县，助力凉山州特色农产品的销售。当晚，总台主持人联手网络主播、知名歌手和演员，共同直播带货喜德特产、凉山好物、精品食材等10款产品。该场直播总销量超过72万件，总销售金额突破2 500万元。

在2020年新冠疫情发生后，主流媒体也顺势而为，主动整合多方资源援助受疫情影响的农户。2020年5月，央视财经与金融科技企业度小满达成合作，帮助农户解决从资金到产品销售的一系列问题，探索“金融+直播+农产品”的扶贫新模式。在央视新闻“为湖北下单”的直播活动中，央视新闻主持人朱广权和网络主播李佳琦组成“小朱配琦”组合为湖北带货，近亿元的直播成交额既展示了主流媒体的社会责任感，也为贫困地区的人民带去了实实在在的红利。

此外，各贫困地区也在因地制宜，依托自身资源建立“信息+服务”的垂直化媒体扶贫平台。凉山州夹铁乡在扶贫工作中就将本地公众号作为重要阵地，该平台不仅推介当地农产品，还介绍地理风光和彝族风情，同时也承担发布当地农业动态的服务工作。除了开设线上网店、发布新媒体广告外，当地还在线下站点、农产品销售处、物流终端处同步推广产品，带动传统销售方式的转型。

二、节目配合：以创新内容讲述扶贫故事

作为党和人民的喉舌，电视媒体面对脱贫攻坚的时代命题，也在探索公益节目的新表达，尝试围绕品牌传播讲好“脱贫故事”。

《扶贫周记》是CCTV-7（央视国防军事频道）播出的一档大型蹲点扶贫纪录片，2017年3月播出第一季，时至今日，节目已经播到第四季。节目以“精准扶贫”为主题，由总台记者摄制组深入扶贫攻坚主战场，蹲点贫困村，挖掘一手素材，以普通人的立场和视角，讲述扶贫干部和贫困地区人民的精准扶贫实践。纯纪实的拍摄手法、生动的纪录、生活化的呈现，记录了国家级贫困县的脱贫攻坚典型案例和人物故事，以写实的节目风格展现了扶贫效果，也体现出主流媒体接地气的故事表达策略。

除了纯粹纪实类的新闻报道和纪录片外，总台也尝试以创新方式诠释扶贫政策，以创新视角展现地方脱贫攻坚成就。《喜上加喜》是由CCTV-3（央视综艺频道）全新推出的大型综艺相亲节目，于2020年5月2日起在央视综艺频道19:30档播出。作为CCTV-3（央视综艺频道）的首档大型综艺相亲节目，《喜上加喜》以“家国一体、喜上加喜、奋斗路上、喜结连理”为定位，聚焦脱贫攻坚一线的普通人。节目以男女青年相亲恋爱为切入点，以时代特征鲜明的脱贫攻坚为大背景，通过聚集这个宏大主题下的鲜活故事，展现地方脱贫攻坚建设成就，推介魅力乡村。

可见，通过创新表现形式，电视媒体可以在保持公益内核、展现社会责任的同时，提升节目的观看价值。

三、注重时效：以宣传实效提升扶贫效果

农业生产具有明显的周期性，农产品采摘、上市、仓储的时效性强，产销对接对销售渠道、市场容量、市场偏好、运输条件的依赖性强，因此农产品的广告宣传时机非常重要。尤其对生鲜类农特产品而言，时间就是成本，恰逢其时的广告宣传能显著提升产品的收益利润。

因此，在发布扶贫公益广告时，需要媒体与贫困地区精准地对接，合理安排广告投放时间，以保证产品的时效性。2019年总台精准扶贫广告的播出时间比2018年提前了一个月，正赶上开县春橙大面积上市的时间，这也为产品的销售提前造了势。由于广告宣传得早，客商预定得早，运输供销安排得也早，因而极大地节省了运输和存储成本。

同时，通过主流媒体的广泛传播，产品的外销渠道也会拓宽，市场区域从当地向省外甚至国外延伸。吉林省和龙市金达莱村地窖辣白菜产品，随着“广告精准扶贫”项目宣传片和新闻报道的广泛传播，其市场区域从省内向省外延伸，产品供不应求，销售渠道也从线下向线上拓展，形成了零费用广告、零成本渠道、零风险销售、直供、直购、直达的销售服务体系，促进了多笔扶贫产品采购协议的达成。

依托主流媒体强大的传播覆盖力、平台整合力和品牌影响力，不仅能帮助时令蔬果在最佳销售期为消费者所知，还能突破时空限制，让深山中的农副产品进入更广阔的市场。

第八章
案例精选：联结省市确保执行，下沉县域精准扶贫

第一节 贵州省："广告精准扶贫"第一站

走遍大地神州，醉美多彩贵州。作为我国自然资源最为丰富的省区之一，贵州省能源、矿产、生物、旅游资源得天独厚，最具优势；当地瀑布、溶洞、森林、峡谷、湖泊、花海，多彩美景令人沉醉；红色文化、民族文化、绿色生态文化、国酒文化、茶文化、多彩文化蔚为可观。

2016年8月，中央电视台和贵州省委宣传部共同协商，决定把贵州作为"广告精准扶贫"项目的全国第一站。贵州水城猕猴、六盘水刺梨、遵义茶、沿河空心李、赫章核桃、德江天麻、普定韭黄等特色农产品公益广告相继在CCTV-1（央视综合频道）、CCTV-2（央视财经频道）等15个重点频道以及央广中国之声、经济之声等多个频率播出，有力地推动了黔货出山，切实帮助了众多贫困群众增收，从而赢得了老百姓的广泛点赞。

一、央视助力，贵州猕猴桃上演“出山记”

馥郁果香，与生俱来。富含维c，生态佳品。匠心品质，贵州猕猴桃。——贵州猕猴桃

2016年9月1日，在中央电视台的大力支持下，贵州水城猕猴桃以优质区域品牌的形象，正式登陆央视“广告精准扶贫”项目，在CCTV-1（央视综合频道）、CCTV-2（央视财经频道）、CCTV-7（原央视军事与农业频道）、CCTV-4（央视中文国际频道）、CCTV-13（央视新闻频道）5个频道以每日16次的频率网状播出。

依托中央电视台强大的宣传资源，贵州猕猴桃的优质品牌形象得以在全国范围内广泛传播并取得较好的传播效果。3年时间里，贵州猕猴桃销量翻番、产量翻番、助农人数翻番，产品不光卖到了全国各地，更是出口俄罗斯、加拿大等国家，上演了一出走出大山、走向全国、走向国际的猕猴桃“出山记”，让世界感知到了精品黔货的独特魅力。

贵州猕猴桃广告画面凸显了猕猴桃生态、健康和美味的特点，右上角持续显示二维码，观众可扫码进入购买界面。借助“大

数据”和“互联网+”的优势，贵州当地企业充分发挥电商渠道的便捷优势，设置了专门的微信公众号，制作产品专题，积极开展贵州猕猴桃的线上营销和推广，形成了“互联网+猕猴桃”的销售模式。通过线上销售渠道，贵州猕猴桃3年销量达2 900吨以上，较广告开播前增长了1 000%，线上线下销售额达3亿余元。电商数据的增长也促进了部分传统企业的电商化转型，从而进一步拓宽了贵州猕猴桃的销售渠道。

此外，广告中展现出的贵州优美景观,吸引了大批游客前往当地体验猕猴桃采摘和乡村旅游，一时间扩大了贵州的影响力，令红利直接流向扶贫末端，产业强壮发展也成为建立长效脱贫机制的重要抓手。据不完全统计，每年在猕猴桃成熟季节，前往

采摘体验和乡村旅游的人数超过10万，这无疑拉动了猕猴桃电子商务、休闲采摘体验、乡村旅游等产业的良性发展，形成了以贵州猕猴桃为中心的全产业生态圈。

2016年贵州猕猴桃广告　　2017年贵州猕猴桃广告　　2018年贵州猕猴桃广告

△扫描二维码观看视频

二、小小刺梨，顶起致富一片天

刺梨，外表金黄浑身布满毛刺，是贵州山野灌木中常见的野果子。贵州地理位置特殊，大山深处耕地有限，想要脱贫致富，人们不仅需要找到一种适合山区人民的经济农产物，更要做到在不破坏生态的前提下将大山化为可持续开发的矿产，真正做到“靠山吃山”。一向不起眼的野果刺梨则给山区人民带来了曙光。

2019年7月，总台扶贫广告——贵州刺梨登陆央视。广告融贵州优美的自然风光与刺梨的优良品质于一体，突出了贵州刺梨

的生态、健康和美味，改变了刺梨“锁在深闺无人识”的状态，一时间刺梨成为人们目光的聚焦点。自刺梨公益扶贫广告在中央广播电视总台及各地媒体相继投放以来，贵州省内外市民对贵州刺梨的知晓率大幅提升，刺梨的品牌知名度提升了，企业产品销量稳中有升，刺梨产业的销售额从2018年的890多万元增长到2019年的1 270多万元。

正因为刺梨具有超高的营养价值和经济价值，刺梨也被称为致富的“黄金果”。如今，刺梨成为大自然赐给贵州最富有的矿产，这个露天的矿场不会造成污染和土地流失，更可以为绿水青山做出贡献。相信随着人们对刺梨的认知的提升，刺梨产品在市场的占有率也会日渐提升。期待有一天，刺梨能走上平常百姓的餐桌，不再出现清代贵州状元赵以炯诗中“生在山间不入盆，擅妍不肯进朱门”的情景。

扫描二维码观看视频

广告精准扶贫

贵州刺梨

三、特色打造，沿河沙子空心李成为“网红”

“人间仙果，李中茅台”，2019年8月，作为“多彩贵州精品黔货”广告宣传片系列之一，沿河沙子空心李“广告精准扶贫”公益广告正式登陆央视。“广告精准扶贫”项目在贵州实施以来，给贵州省脱贫攻坚提供了极大的帮助。

伴随着高亢嘹亮的民歌声“这山就没得那山高”，沿河山水如油画般流淌在荧幕上，沿河沙子空心李的鲜嫩多汁、脆爽香甜充盈屏幕，向观众展现出沿河沙子空心李的优良品质。

依托总台扶贫广告的影响力，沿河沙子空心李成了“新晋网红”，树立起贵州特色品牌。随着物流、电商的发展，沿河沙子空心李的销售渠道不断拓宽，产品订单相应增加。沿河沙子空心李品质高、带动能力强，于是沿河县将其作为农村产业革命的主抓手、脱贫攻坚的主导产业。据沿河县农业农村局副局长田永兴介绍，沙子空心李产业目前覆盖11个乡镇（街道）189个村19.6万人，预计2019年产量达到4.5万吨，产值近7亿元。为进一步助推脱贫攻坚，计划到2020年，全县建成空心李基地10万亩，年产量8万吨，产值达到10亿元以上。

贵州省精准扶贫公益广告产品在总台各频道频率的反复播放，使产品在更广范围内提升了品牌知名度和市场认可度，树立起了贵州特色品牌，推动了产品渠道的裂变拓宽，为当地脱贫攻坚和群众生活奔小康作出了积极贡献。

广告精准扶贫

沿河沙子空心李

四、缕缕茶香，遵义茶飘香世界

“八之出——黔中生恩州、播州、费州、夷州……往往得之，其味极佳”，唐代陆羽著作《茶经》中记载的夷州就是遵义市现主要产茶区。遵义种茶历史悠久，茶文化底蕴深厚。当地茶区土层深厚，雨量充沛，多气候云雾缭绕，土壤富含锌硒等微量元素。独特的气候及地理环境，造就了遵义茶叶独特优良的品质。

总台扶贫广告遵义茶的播出，带动了贵州旅游产业的发展，加快了产业的结构调整。依托生态优势，遵义市已打造完成“天下第一壶”“茶海之心”等茶旅景观，游客纷沓而至，绿水青山变成了金山银山。作为劳动密集型产业，茶产业在促进山区脱贫攻坚、带动茶农增收方面发挥着越来越明显的作用。目前，茶叶产业带动农民101.13万人，带动农民人均增收2 555元；带动贫困户16 525户54 913人，带动贫困户人均增收2 680.8元。茶叶的主导产业地位得到巩固，更多的农户尤其是贫困户、贫困人口实实在在地因为“广告精准扶贫”项目而脱贫。

遵义茶产业影响力不断扩大，品牌价值迅速提升。随着遵义茶在国内市场受到极大的欢迎，“遵义红”“湄潭翠芽”进入了上海市机关事务管理局的采购目录，“遵义馆”茶叶体验中心在上海开馆。在国际市场上，遵义茶叶批量出口美国、欧盟等地，受到当地市场的热烈欢迎。高速发展的遵义茶产业既让茶农直接受益，也鼓舞了大家继续种好茶、管好茶、卖好茶的信心和决心。截至2019年，全市茶园发展面积已达200万亩，茶叶类商标超过900个，各企业有省内营销窗口5 277个、省外营销网点3 945个。

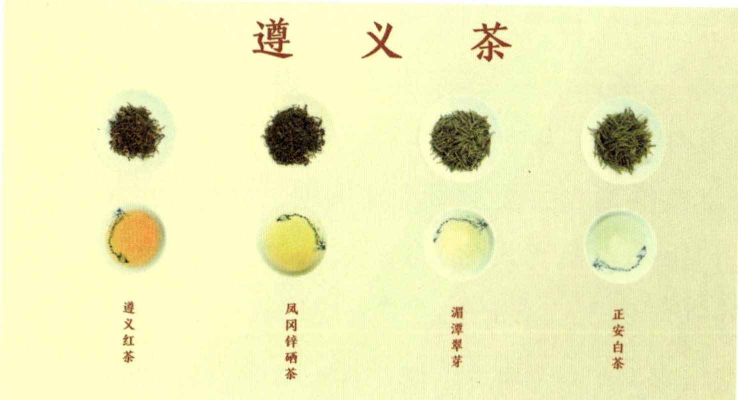

总台扶贫广告的投放，极大地提高了贵州省特色产品的曝光率。“政策扶持”和“造势宣传”成功地在全国掀起了一场“贵州特色产品热”，销售增幅的高涨为贵州发展特色产品产业注入了信心和活力。

扫描二维码观看视频

广告精准扶贫
遵义茶

第二节　陕西省：平台助力，地方快速脱贫

华夏圣地，人文陕西。陕西省作为中华民族和华夏文化的重要发祥地之一，有着许多中华文明、中国革命和中华地理的精神标识。同时，陕西省自然资源丰富，红枣、核桃、桐油是其传统的出口产品，中华猕猴桃、沙棘、绞股蓝、富硒茶等资源具有开发价值。

2018年，中央广播电视总台“广告精准扶贫”项目确定了延川红枣、延安苹果、柞水木耳、紫阳富硒茶、米脂小米和周至猕猴桃等多个农产品项目推广产品。2019年，项目又新增了汉中仙毫、子洲黄芪、岚皋魔芋、丹凤葡萄酒、佳县红枣等8个产品，惠及贫困群众近4万户、11万余人。在中央广播电视总台的助力之

下，项目实施效果显著，加快地方脱贫攻坚进程得到了陕西广大干部群众的一致好评。

一、长足五年，子洲黄芪蕴藏爱的味道

2019年8月1日，《子洲黄芪》篇通过“广告精准扶贫”项目荣登央视，向全球进行广泛推介，获得了不俗成绩。子洲县位于陕西陕北黄土高原丘陵沟壑区腹地、榆林市南缘。子洲黄芪是野生黄芪的故乡，县境栽植黄芪已有一千多年的历史。子洲黄芪生长周期长达五年以上，以色鲜、味浓、质优闻名中国，有“东北参、子洲芪”的美誉。

广告以2019年广州一位妈妈精心烹饪的黄芪鸡汤作为开篇，这份饱含着爱的鸡汤便含有来自五年前陕西种植的子洲黄芪。广告作品精锐创新，以时间与空间双重维度讲述子洲黄芪的产品特性，不仅表明产品深受大众喜爱，也向观众呈现出产品的生长环境与生产流程。

子洲黄芪广告播出期间，中央广播电视总台通过8个频道，每日不定时对子洲黄芪进行广泛宣传，取得了巨大反响。本次轮番播放，带动了子洲县中药材产业的进一步发展，提升了子洲黄芪的知名度和美誉度。黄芪种植大户及企业也充分利用抖音、快手等软件，宣传子洲黄芪，并开通直播热卖子洲黄芪。这些举措极大地提高了子洲黄芪的知晓率，产生了巨大的“蝴蝶效应”。

2019年，子洲全县种植黄芪的18个乡镇全部被划入国家地理标志产品保护范围，黄芪保存面积15万亩，年产黄芪1.2万吨。

陕西子洲县还开发出各种出口等级的芪条、黄芪饮片、黄芪茶等系列产品，远销东南亚、日本、韩国、港澳等国家和地区。在国内，子洲黄芪销往河北安国、山西和广东药材市场，并与丽珠集团利民制药厂、天津新内田制药公司签订了长期供货合同。“广告精准扶贫”项目使子洲黄芪不仅更加深入全国人民的内心，还助力子洲县黄芪产业复兴振兴，将这份精心培育的爱传遍全球。

扫描二维码观看视频

广告精准扶贫
陕西子洲黄芪

二、柞水木耳，成为扶贫致富“金招牌”

柞水木耳富含蛋白质、维生素、多种糖类和矿物质，有丰富的营养价值，亦兼有药效，能养血驻颜，预防缺铁性贫血，清胃涤肠。此外，柞水木耳还富含抗肿瘤活性物质，长期食用能增强人体免疫力，被世界誉为“中餐中的黑色瑰宝”。

近年来，柞水县在“政府主导、企业参与、三变引领、三级推进”正确思路指引下，紧紧围绕全县“依托产业促发展、依托木耳助脱贫”这一主旋律，各相关部门联合起来，多措并举，倾力打造柞水木耳优质品牌，扶持木耳产业基地，助力村民脱贫致富。

2018年，柞水木耳成功入选中央广播电视总台“广告精准扶贫”项目，成为陕西首批入选“广告精准扶贫”项目的农特产品，总台集中在8个频道向全球推介，以拓展柞水木耳的宣传渠道，助力特色品牌建设。在当地政府与总台广告的双重推介下，柞水木耳一跃而成为新晋网红，成了当地扶贫致富的“金招牌”，广受各界关注。

2020年4月20日，在陕西考察的习近平总书记来到柞水县小岭镇金米村的直播平台前点赞当地特产柞水木耳，成了“最强带货员”。他强调，电商不仅可以帮助群众脱贫，而且还能助推乡村振兴，大有可为。线上线下销售双渠道的实现，打造了柞水木耳特色品牌，并逐步探索出柞水木耳的全域产业发展新模式。

扫描二维码观看视频

广告精准扶贫

柞水木耳

第三节　青海省：广告扶贫助力农产旅游齐升级

天地有大美而不言。青海地大物博、山川壮美、历史悠久、民族众多、文化多姿多彩，具有生态、资源、稳定上的重要战略地位。雄踞“世界屋脊”的青海省是个神秘而诱人的地方，它仿佛是一块未经雕琢的玉石，粗拙中透出珠光宝气，平静中显出神奇风采。李白的诗句：“登高壮观天地间，大江茫茫去不还。黄云万里动风色，白波九道流雪山。”正是对青海山河的生动写照。

2017年8月，中央电视台“广告精准扶贫”项目在青海省正式启动，项目选定了青海牦牛肉、藏羊肉、高原菜籽油、藜麦，以及玉树藏族自治州囊谦县旅游形象5个推介产品，涉及贫困户数18 337户、贫困人口74 056人。2019年8—12月，5个被推介产品的精准扶贫广告在总台共播出了1 504次，广告刊例价值过亿元，有效地带动了当地农产旅游齐升级。

一、高原好物，为青海“代言”

总台扶贫广告突出了青海高原农产品的生态、健康与美味，利用青海藜麦、藏羊肉、牦牛肉等特色农产品为当地“代言”，不仅带动了省内特色农畜产品的外销，同时也在促进省内相关产业发展，完善供应链体系，促进农牧民增收等方面发挥了积极作用。

项目实施所带来的客户流量和订单成交量的提升，提振了省内企业的销售信心，有效地改变了青海藜麦、牦牛肉、藏羊肉、冬虫夏草等特色产品“锁在深闺无人识”的状态，促进了与之相关的种养殖产业的发展。

（一）“粮食之母”——青海藜麦

被称为“粮食之母”“超级谷物”“营养黄金”“太空食品”的藜麦，原产于南美洲安第斯山区，有五千多年的种植历史，近年来被引进到我国青藏高原等地区种植。青海省乌兰地区海拔高、昼夜温差大、光照足，所以有利于藜麦蛋白质的积累，是优质藜麦最适宜的种植区。

笛声幽鸣，风景壮丽，“青海藜麦”广告的开篇画面极具震撼力，使观众在欣赏大美青海的同时，了解青海藜麦生长环境。作品整体色彩绚丽，夏日之绿、秋收之红，令观众心情愉悦。内容方面，从藜麦的生长到制作一一做了介绍，向观众全面展现出青海藜麦的优良品质，以激发观众的购买欲望。

扫描二维码观看视频

广告精准扶贫

青海藜麦

青海藏羊肉

（二）“幸福指数全球第一”——青海藏羊肉

“吃的是虫草、喝的是矿泉水”，青海人喜欢用这句话来形容牦牛与藏羊的生长环境。西宁工业污染和其他污染极少，洁净的空气、优质的水源、辽阔的草原和天然的牧场，由于海拔高，太阳辐射强，光合作用强，牧草生长旺盛，营养丰富。因此，牦牛肉和藏羊肉具有无膻味、高蛋白、低脂肪、富含氨基酸和不饱和脂肪酸的明显优点。

“青海无波春雁下，草生碛里见牛羊……”浑厚的画外音将观众瞬间拉入青海草原的绝美景色之中，从而奠定了全片生机活力的情感底色，展现出“天堂草原”祁连山草原的大美风貌。“肉性温热，肉质细腻，味美多汁，膻味小，营养丰富”，广告以藏羊肉的特点作为拍摄重点，从藏羊的生长环境到肉质特点一一展开介绍，如同美食节目一般，令观众垂涎欲滴，传播效果显著。

“央视免费播出‘青海藏羊肉’‘青海牦牛肉’广告后，许多省内外客商直接跑到牧区与咱们合作社签订合同，出售价格上涨了三四倍，仍然求过于供……”，2019年6月29日，祁连县野牛沟乡达玉村牧民文长太在中央广播电视总台“广告精准扶贫”工作交流会上，作为获益农牧户代表向与会人员介绍道。2018年，青海省5个被推介产品的精准扶贫广告在总台播出后，产生了系列联动效用，优质农畜产品的知名度和农牧民的收入显著提高。

扫描二维码观看视频

广告精准扶贫
青海藜麦
青海藏羊肉

二、秘境囊谦，助推农旅联动

总台扶贫广告的播出带动了采摘游、乡村游等第三产业的发展。广告以唯美精致的镜头语言向观众展示了农产品的鲜美诱人，也借此机会展示了农产品所在地的自然风光、地理环境和人文景观。

“人间乐土”玉树州囊谦县位于青海省最南端，平均海拔3 600米，被世人称颂为一个净化灵魂的沃土，一颗三江源上的明珠，一处坐落在高原深处的玉树小江南，如此神秘洁净的美景却不被大众所知。2017年“广告精准扶贫”项目在青海正式启动，其中以“囊谦旅游”为主题的宣传片在中央电视台8个频道滚动播出1个月，取得了明显的推广成效。

“囊谦县旅游形象”宣传片有效地宣传了囊谦县的文化旅游资源，极大地提高了囊谦县在全国的知名度，展示了囊谦丰富的文化资源和特色文化产品，不仅提升了囊谦文化的声誉，还为

囊谦县的唐卡、手工艺品、藏红盐、黑陶、红陶等文化产业起到了招商引资的作用，助推了农旅联动发展，创立了景区带村的发展新模式。

扫描二维码观看视频

广告精准扶贫

青海囊谦旅游

第四节　重庆市：广告脱贫拉动脱贫新引擎

“千里为重、广大为庆”。重庆是我国著名的历史文化名城，巴渝文化的发祥地。这里不仅有着悠久的历史、丰富的旅游资源，也拥有集山、水、林、泉、瀑、峡、洞等为一体的壮丽自然景色。在重庆，一颗橙子、一根辣椒、一勺蜂蜜都成为当地脱贫致富的“新晋网红”。

2019年中央广播电视总台“广告精准扶贫”项目免费播出开县春橙、石柱蜂蜜、云阳阳菊、巫山脆李等8个重庆市农产品公益广告，每个农产品广告播出时长为1个月，广告刊例价共计上亿元。总台扶贫广告的播出，拉动了脱贫攻坚新引擎，有效带动了重庆市农产品的销售，促进了当地第三产业的发展，脱贫攻坚工作取得显著进步。

一、开县春橙，“花果同树”成村民“摇钱树”

重庆开州区（原开县）盛产柑橘，距今已有2000多年的种植历史，以开县春橙为主的柑橘产业作为开州区农业支柱产业之一。开县春橙具有营养丰富、细嫩化渣、酸甜适度、新鲜多汁、香醇悠长等优良品质，在精准扶贫广告的推介下，成为市场“宠儿”。每年4月，长沙镇万亩洁白的柑橘花盛开，呈现出“花果同树”的景观，吸引了全国游客纷至沓来，促进了当地旅游产业的发展。从春橙售卖到旅游体验，一棵棵柑橘树成为开县村民的“摇钱树”。

2018年4月，《重庆开县春橙》作为重庆首支总台扶贫广告分别在总台8个频道轮番播出，开县春橙一夜之间成为“网红”，知名度和美誉度有所提升。2019年，总台“广告精准扶贫”项目继续助推开县春橙，从3月初到4月底，两个月的播放量，让开县春橙卖得更好、卖得更快，形成了价、销两旺的景象。“我们镇种植柑橘已有上百年历史，虽然在附近区县已打响名声，但全国知道的较少。自去年在中央电视台打广告后，知道的人就多了，有云南的、广西的、河南的……”果农黎方福掰着手指头说道。

借助总台广告播出的东风，“开县春橙”在4月底被国家市场监督管理总局评为“中国驰名商标”，实现了开州区“中国驰名商标”零的突破。如今，春橙产业已成为全区经济社会发展的支柱性产业、脱贫致富的重点项目。总台精准扶贫公益广告不仅给当地带来了直接经济效益，还吸引了重庆、四川以及周边区县的游客到长沙、丰乐等地，欣赏开县春橙花果同树的美景，吃农家饭、住农家乐，推动了当地乡村旅游业的发展。

扫描二维码观看视频

广告精准扶贫

重庆开县春橙

二、“辣”样“甜”蜜，助力石柱百姓脱贫攻坚

重庆市石柱县作为国家扶贫开发重点县，是总书记口中常常念及的“贫中之贫、困中之困”，也是脱贫攻坚决战阶段“难啃

的硬骨头”。为助力石柱百姓脱贫致富，中央广播电视总台“广告精准扶贫”项目将石柱辣椒与石柱蜂蜜纳入其中，免费在央视、央广、国广等频道、频率以及网络新媒体连续播出，使得石柱辣椒与石柱蜂蜜知名度和美誉度迅速飙升，极大地增强了“石柱生产”的品牌的影响力，鼓舞了当地村民对乡村产业发展和脱贫攻坚的信心，让石柱百姓的生活过得“辣”样“甜”蜜。

2018年7月1日，石柱辣椒在央视、央广、国广等频道、频率轮番亮相，广告将辣椒肉厚、油多、色彩艳丽等特点与当地民俗民风相结合，进行交叉剪辑，让观众、听众耳目一新，创新的表达形式增加了产品销量、拓宽了产品销路。同时，石柱县更加注重辣椒品牌的打造以及辣椒品质的提升，共注册“石柱红”辣椒集体商标和证明商标，企业注册长光牌、香水牌、老外婆等调味品商标8个。其中，“石柱红”辣椒商标被评为“重庆市著名商标”。“广告精准扶贫”项目的宣传，带动了石柱辣椒的生产和销售，树立了“石柱辣椒”品牌，提升了辣椒品质，更大力推进了全县脱贫攻坚工作，推动了全县经济社会的良性发展。

扫描二维码观看视频

广告精准扶贫

重庆石柱红辣椒

2019年6月，中央广播电视总台向全国和全球持续播放《重庆石柱蜂蜜》篇广告，让石柱蜂蜜这一品牌迅速声名鹊起，瞬间提升了石柱蜂蜜的品牌价值，带动了石柱蜂蜜产业的升级发展，让更多的贫困农户受益脱贫。精准扶贫广告展示了石柱厚重的人文历史和土家人民的生活环境，进一步提升了石柱的良好形象。《重庆石柱蜂蜜》篇广告播出后即迎来了石柱夏季旅游旺季，外地游客纷纷前往黄水镇、冷水镇避暑纳凉。石柱蜂蜜作为土特产成为抢手货，不少游客都表示“央视都播出了的，一定是好蜂蜜”，纷纷抢购。同时，精准扶贫广告的播出也拉高了当地的经济效益，有效地助推了当地脱贫攻坚工作。

扫描二维码观看视频

广告精准扶贫

重庆石柱蜂蜜

第五节 宁夏回族自治区：发挥地方特色，产业转型升级

“一山一世界，一水一天涯。”宁夏深居内陆，高山、平原、大漠、黄河、绿洲、森林、湖泊造就了宁夏独特的自然景观和人文景观，既有江南水乡的秀丽，又集大漠之雄浑。依靠得天独厚的自然条件，宁夏围绕“一特三高”（即特色、高质、高端、高效）的现代农业发展方向，秉持“一县一业、一村一品、一户一特”的特色产业发展理念，优先发展特色优势种养业，寻求脱贫致富新出口。

2019年，中央广播电视总台“广告精准扶贫”项目免费播出了宁夏枸杞、贺兰山东麓酿酒葡萄、中卫硒砂瓜、宁夏大米、盐池滩羊肉、固原马铃薯、吴忠红寺堡黄花菜等宁夏回族自治区农产品公益广告，帮助宁夏宣传了特色农产品品牌，推动了当地扶贫产业的发展升级，有力助推了宁夏贫困地区群众脱贫致富，充分体现了国家级主流媒体强烈的政治意识和责任担当。

一、羊中极品，盐池滩羊成脱贫致富“金羊羊”

宁夏有“红”“白”两宝。“红”乃枸杞，早已闻名四海；“白”乃盐池滩羊，也崭露头角。两件宝贝都被列入了国家名、特、优产品名录。“黄河冲出贺兰山，塑造了宁夏平原，几乎所有中国的美食家都认为，这里的羊肉质地最佳。”“它肉质丰盈，不腻不膻，配以调制的独特秘方蘸汁，入口即化，香气四溢，使人回味无穷。”纪录片《舌尖上的中国》就是这样描述盐池滩羊肉的。在中央广播电视总台“广告精准扶贫”项目的持续推介下，“羊中极品”盐池滩羊逐步成为当地脱贫致富的“金羊羊”。

2019年，中央广播电视总台“广告精准扶贫”项目免费播出了盐池滩羊广告，向观众推荐“记忆中的美味”——宁夏滩羊，反响颇佳。广告画面精美、节奏舒缓，《盐池滩羊》篇扶贫广告以“舌尖上的美味”为主题进行拍摄，熟悉的讲述与轻松的配乐拉近了观众与广告之间的距离，给人以《舌尖上的中国》之感。天然的优质牧场、活力的羊群奔驰，展现出宁夏滩羊的优良品质，加上特级厨师对宁夏滩羊的同期声介绍，更增加了产品的可信度。盐池滩羊的制作过程呈现出羊肉肥而不腻、久煮不老的优质特点，令观者垂涎欲滴。

借助总台扶贫公益广告的传播力量，2019年盐池县羊肉的价格比上一年同期每斤涨了3—4元，总销售收入117 896万元，同比增长16.5%。羊肉价格的上涨不仅让养殖户们赚到了钱，而且当地的羊肉加工企业也稳赚不赔，2019年，部分养殖户的收入较2018年同比翻番，销售加工企业的收入涨幅在20%以上。目前，盐池县全县羊饲养量315.7万只，农村常住户80%以上都在发展滩羊养殖，农民收入的一半以上来自滩羊产业，滩羊已成为当地名副其实的支柱产业。

扫描二维码观看视频

广告精准扶贫

盐池滩羊

二、红色宝石，宁夏枸杞成脱贫攻坚“致富果”

“六月杞园树树红，宁安药罘擅寰中。千钱一斗矜时价，绝胜庾田岁早丰。”宁夏作为枸杞原产地，栽培枸杞已有500多年的历史。宁夏枸杞色艳、粒大、皮薄、肉厚、籽少、甘甜，品质超群，是被载入《中华人民共和国药典》的枸杞品种，明代杰出医药学家李时珍所著《本草纲目》中，将宁夏枸杞列为本经上品，称“全国入药杞子，皆宁产也”。正是这具有极高药学价值的枸杞成为宁夏的“致富果”。

2019年，中央广播电视总台“广告精准扶贫”项目免费播出了宁夏枸杞，向观众推荐“天赐良品”——宁夏枸杞，迅速在大范围内提升了品牌的知名度与市场认可度。广告延续《盐池滩羊》的风格，通过浑厚的配音、轻松的配乐与精美的画面向观众展示宁夏枸杞的生长环境、采摘过程、加工流程、制作工艺与美食成品。同时，画面配以历代诗人、药学家对枸杞的描述，从而增加了作品的人文性与历史性。“从田间到舌尖”，颗颗饱满的枸杞如同红色宝石吸引着观众的眼球，促使观众扫描二维码进行购买，提升了产品的销量。

宁夏枸杞公益广告连续三年在央视播出，对宁夏枸杞产业品牌打造起到了良好的宣传和助推作用，极大地提高了宁夏枸杞的知名度和影响力，增强了广大消费者对宁夏枸杞的认知、认识和认可。

一方面，区域公用品牌知名度显著提升。通过在中央广播电视总台多个频道和频率持续免费播放宁夏枸杞公益广告，全国更多的电视观众了解了宁夏枸杞的道地性、原产地、药食同源、滋补保健等功能和健康饮食的理念，使“宁夏枸杞”这一区域品牌的美誉度、知名度得到极大的认可和提升。另一方面，公益广告的播出进一步提高了宁夏的知名度，吸引了大批游客，拉动了枸杞电子商务、休闲采摘体验、乡村旅游等产业的进一步发展，为宁夏区域经济发展注入了多项持续性收入，为宁夏贫困地区农民依靠产业脱贫致富增添了活力。

扫描二维码观看视频

广告精准扶贫

宁夏枸杞

第六节　福建省：创新营销渠道，助力脱贫进程

“山海画廊，人间福地”，处于我国东南部的福建不但有着优越的自然景观，也拥有丰富的人文景观，多年来吸引着大批游客前往观光旅游。脱贫攻坚需要因地制宜，福建省优渥的自然环

境，促进了寿宁高山茶、武平百香果、泰宁乌凤鸡等茁壮成长，使之成为当地特色农产品。2018年，寿宁高山茶、武平百香果、泰宁乌凤鸡等14个特色农产品入选中央广播电视总台“广告精准扶贫”项目，取得了显著的社会效益和经济效益。

项目通过强势发声、多次传播，提高了产品知名度，创新了营销渠道，助力了当地脱贫攻坚。据不完全统计，2019年总台“广告精准扶贫”项目带动相关受益农户24.45万人，其中贫困户6 911户、贫困人口2.7万人；销量达18.4万吨，品种销量平均增幅21.9%；销售收入达50.2亿元，品种销售收入平均增幅26.4%，品种平均田间批发价格增长10.7%，受益贫困户平均增收3 981元。同时，“广告精准扶贫”项目还有力助推了寿宁县、建宁县、武平县等8个革命老区县脱贫摘帽，进一步鼓舞了广大干部群众决胜脱贫攻坚、决胜全面小康的志气和底气。

一、悠悠茶香，铸就特色品牌

寿宁县被誉为“中国名茶之乡”，茶园分布于海拔500—1 200米之间的山地，无杂质污染、受海风滋润的自然环境，造就了寿宁高山茶叶厚、形美、味醇的优良品质。“一盏高山茶，天地小壶中”，“广告精准扶贫”项目对寿宁高山茶的有效助力，不仅扩大了产品的销量，提升了当地人均收入，更推动了产业的品牌建设，增加了茶产业附加值，促使产业形成了全方位、立体化的生产销售模式。

2018年，宁德市“寿宁高山茶”作为福建第一批7个特色农产品入选总台“广告精准扶贫”免费推荐项目，并荣登该项目推荐榜首。2019年4月，《寿宁高山茶》精准扶贫公益广告在总台8个频道、每天频次不低于20次播出后，在全国各地引起巨大反响。作品以诗词“涧青连竹色，山静带茶香”开篇，奠定了全片诗意盎然的基调。诗意文字与悠扬音乐相配，给人一种悠闲从容之感，更彰显出寿宁高山茶令人沉醉的优良品质。“高山流水，唯你知音”，诗意结尾、茶香悠悠，更加深了观众的印象。

广告播出后，不仅使世界各地的人熟知了寿宁美景，也使“寿宁高山茶”的知名度大大提升。同时，“寿宁高山茶”的品牌知名度也逐步提高，成为寿宁的公共品牌，从而对茶农增收、茶企增效起到了促进作用，推进了茶产业的发展。负责茶叶品质检测的县茶业局茶叶站站长钟凤莲说道：“寿宁茶叶品牌能走出去是件值得庆祝的事，随着知名度的提高，无论走到哪里我们都可以骄傲地说‘这就是寿宁高山茶，我们寿宁的公共品牌。’”

扫描二维码观看视频

广告精准扶贫

寿宁高山茶

二、颗颗硕果，打造致富之路

武平县位于福建西南部、武夷山脉最南端，光照充足，气候宜人，被誉为“中国天然氧吧”，优越的地理环境造就了含糖量高、风味独特的百香果。随着总台“广告精准扶贫”项目的持续推介，小小的百香果真正成了当地群众致富的“黄金果”。

2018年9月1日，《福建武平百香果》篇公益广告在总台多个频道滚动播出。每天播出频次不低于20次，持续播出1个月的扶贫广告，让武平百香果继2017年亮相金砖国家厦门会晤之后，再度成为吸引众人眼球的热销产品，大大促进了武平果企增效、果农增收。广告选取了果农大林、产业创业者小珍、产品营销员文富与食品品尝员小C四位百香果产业从业人员，从百香果的生产生态、品牌建设、营销模式与健康吃法四方面介绍武平百香果，具象化的人物使得广告更具亲近感与真实性。

武平百香果公益广告借助总台的媒体公信力与影响力，凸显了品牌价值，提升了品牌信誉度，提高了品牌知名度，增加了产品的销售渠道，扩大了产品的市场销售范围。“我们的目标是将武平打造成为‘中国黄金果之乡’。”武平县副县长刘德龙说。随着百香果销量的不断增长，小小百香果铺就了当地的广阔致富路。

扫描二维码观看视频

广告精准扶贫
福建武平百香果

第七节 内蒙古自治区：打造祖国北疆脱贫风景线

“北疆风景线，亮丽内蒙古。”内蒙古自治区位于中华人民共和国的北部边疆，生活着蒙古族、汉族、满族、回族、达斡尔族、鄂温克族、鄂伦春族等55个民族。内蒙古是国家脱贫攻坚的主战场，近年来，内蒙古始终把摆脱贫困、加快发展作为首要任务。

自加入“广告精准扶贫”项目以来，2018年至2019年，中央广播电视总台陆续播出了兴安盟大米、乌兰察布马铃薯、锡林郭勒羊肉、通辽科尔沁牛肉、呼和浩特塞上蒙菇、赤峰敖汉小米6个产品的公益广告片。项目在自治区实施以来效果显著，得到了自治区广大干部群众的一致好评。

一、画一样的牛肉，增创牧区脱贫新路径

位于科尔沁草原腹地的内蒙古通辽市素有“中国草原肉牛之都”之称。广袤的科尔沁大草原天然、绿色、无污染，这里牧场优良，阳光充沛，水草丰美，牛群在得天独厚的环境中自然放养，加上悠久的畜牧历史和历经50年不断改良的优良肉牛品种，科尔沁牛肉成了中国绿色食品的标志性食材。

2019年，内蒙古自治区通辽市《科尔沁牛肉》篇广告登录中央广播电视总台，反响热烈。广告以欢快弦乐配以草原风貌，映入眼帘的草原美景令人过目不忘，也使得广告更加轻松与戏剧化。镜头语言以特写为主，着力展现科尔沁牛肉肉质鲜嫩、味美多汁的特点，美食的烹饪过程更引得观众垂涎欲滴、连连称赞。

《科尔沁牛肉》篇广告一经播出，反响良好，为科尔沁牛肉拓宽了销路，提高了其在全国范围内的知名度，其他省市纷纷向通辽市表达了在当地设立科尔沁牛肉专营店的意向。遗憾的是，

目前科尔沁牛肉产量有限，供不应求，无法满足各省市的全部需求。2018年度通辽市科尔沁牛共销售257万头，2019年增长至269万头。在全市79 610户贫困户中，通过发展发展养殖业实现脱贫增收的共有57 475户，占全市贫困户的72.2%。其中养牛31 429户、存栏106 403头，占养殖业的54.7%。全市贫困户（含已脱贫户）养牛数量达到户均1.5头，户均受益1.87万元。销量增长加之政府政策支持，通辽市农牧民尤其是贫困户的养牛积极性高涨，众多贫困群众看到了脱贫增收的希望，贫困农牧民对肉牛产业有了更新更深入的认知，对参与产业扶贫有了更高的积极性。科尔沁牛肉凭借其优良品质，成为牧区脱贫新路径。

扫描二维码观看视频

广告精准扶贫

科尔沁牛肉

二、兴安盟大米，从“好米”到“名米”

寒地黑土、阿尔山天然山泉水赋予了兴安盟大米非凡品质和天然醇香。润泽如玉，晶莹剔透，美味营养，绿色天然，“兴安盟大米”是兴安盟绿色优质农产品，近年来，兴安盟委、行署举全盟之力塑造“兴安盟大米”品牌，围绕如何让“好米”变“名米”做了大量工作，以带动稻农增收。

2018年，借助中央广播电视总台“广告精准扶贫”项目，兴安盟大米的扶贫公益广告在总台多个频道集中投放，引发了社会的强烈反响，助推品牌价值不断攀升，成为当地脱贫攻坚的有力武器。广告用温润的女声配音，与兴安盟大米“甜、香、糯”等特点相呼应，营造整体感，使小小米粒彰显高端品质。“一家煮饭十家香，百家煮饭香满庄”的兴安盟大米在广告的持续播出下，从味美香甜的“好米”变成了家喻户晓的“名米”。

“广告精准扶贫”项目给兴安盟带来了诸多成效。一方面，兴安盟大米的品牌价值不断提升。通过品牌建设，兴安盟大米获得了“2018中国十大大米区域公用品牌”和“2018中国十大好吃米饭”殊荣，并成功入选第十四届全国冬运会唯一指定用米，成为“蒙字号”农牧业品牌的一张亮丽名片。另一方面，品牌的关注度不断提升。《兴安盟大米》篇广告的播出，为品牌打响了全国知名度。如今，“兴安盟大米好吃闻得见”已家喻户晓，兴安盟大米进入网络热搜词条，成为地方特产的重要代表，带动了地区旅游和相关产业的发展。

科右中旗杜尔基双金嘎查村民代福贵2018年种植水稻300亩，自有40亩，租赁260亩。他种植品种白稻八，亩产1 250斤左右，1.48元/斤售出，较上年上涨0.03元/斤。他告诉记者，现在全盟都在推广兴安盟大米，自家种植的水稻以往都是卖给吉林、黑龙江的收粮老客，他们压价狠。现在当地的合作社、龙头企业都来他家里收购，水稻不愁卖，价格也上来了，2019年代福贵家多收入了2万多元，生活水平也逐步提高。

扫描二维码观看视频

广告精准扶贫

兴安盟大米

第八节 湖南省："精准扶贫"首倡之地

"锦绣潇湘，伟人故里"，湖南省是习近平总书记关于"精准扶贫"重要论述的首倡之地。2019年，中央广播电视总台加大对湖南"广告精准扶贫"项目的支持力度，古丈毛尖、崀山脐橙、保靖黄金茶、怀化碣滩茶、湘西猕猴桃、雪峰蜜桔、桑植白茶、新化红茶8个贫困地区特色农产品广告在总台18个主要频道、频率免费播出，项目惠及12个贫困县45万人口，有力助推了产品所在地的脱贫攻坚工作。

一、自然精灵，湘西猕猴桃承载脱贫之梦

"其形如梨，其色如桃，而猕猴喜食，故有诸名"，李时珍在《本草纲目》中这样记载猕猴桃。湘西猕猴桃，是湖南省湘西土家族苗族自治州特产，具有果大质优、营养丰富、酸甜适口和含籽率高、耐贮性好、产量高、无污染等独特品质，是猕猴桃中的上乘佳品。被誉为"自然精灵"的湘西猕猴桃承载着当地村民脱贫致富的梦想。

2019年9月1日，湘西猕猴桃在CCTV-1（央视综合频道）、CCTV-2（央视财经频道）等15个频道重点时段推出广告片，涉及凤凰县、花垣县、永顺县的猕猴桃产业，引起了广泛反响。湘西猕猴桃成功入选“广告精准扶贫”农副产品名单并销量大增。广告在介绍湘西猕猴桃生长环境、品质特点的同时，将猕猴桃与村民梦想相连，几组家庭手捧猕猴桃丰收喜悦的笑容令观众动容，为观众留下了深刻印象。

广告的热播，使凤凰县的湘西猕猴桃开始走进更多人的视线，让优质农产品得以扩宽销路、拓展市场、提升知名度。“我们的猕猴桃能上中央电视台真是太好了！能让更多人看到我们湘西优质的猕猴桃，让我们猕猴桃的销路更广。”永顺县松柏镇大桥村猕猴桃种植户符清明高兴地说。与此同时，凤凰县积极对接大型电商平台，扩展农特产品线上销售渠道，以期实现“聚平台 卖全国 通全球”的目标。线上线下齐销售，广告助力品牌响，果香满溢的猕猴桃真正使村民实现了脱贫致富的梦想。

扫描二维码观看视频

广告精准扶贫

湘西猕猴桃

二、一两黄金一两叶，保靖黄金茶鼓舞脱贫信心

保靖县是黄金茶的故乡，土家族苗族儿女世代聚居于此，采制一芽一叶。据《明世宗实录》记载，嘉靖十八年，阿婆以茶治愈染瘴士兵，官员答谢黄金一两，“一两黄金一两茶”，保靖黄金茶因此而得名。“四高四绝”的保靖黄金茶不仅是保靖的一张金名片，更成为保靖人民脱贫攻坚的主导产业，鼓舞了保靖茶农的脱贫信心。

2019年，保靖黄金茶入选“广告精准扶贫”项目，宣传片分60秒、30秒、15秒3个版本，先后在CCTV-1（央视综合频道）等11个频道连续播出。保靖茶农收看了总台的公益广告后，种茶的积极性大大提高。浑厚的男声娓娓道来，广告开篇向观众讲述保靖黄金茶的悠久历史，“千秋功业一壶茶，醉美保靖黄金茶。从来佳茗似佳人，饮后方知就是她”，用一首诗句来结尾更增添了保靖黄金茶的人文底蕴。

公益广告播出后，不仅保靖茶商茶农反响强烈，保靖黄金茶的市场需求量与销售量也提升了。根据保靖县茶叶办提供的数据，通过2018年、2019年保靖县黄金茶部分茶企7月份同期销售额对比，2019年7月份销售额达912.6万元，同比增长42.9%。截至2019年11月中旬，整体销售价格比往年增加20%左右，全年销售额突破8亿元，较2018年增长33%，极大地促进了茶农的增收。来自保靖县鼎盛黄金茶开发有限公司的周莎表示：“通过央视平台的这次报道，我们保靖黄金茶扩大了知名度和美誉度，增加了一个更大的消费市场。我们的茶农更有盼头，更有干劲了，我们保靖黄金茶产业会做大做强。”

扫描二维码观看视频

广告精准扶贫

保靖黄金茶

第九节　吉林省：脱贫攻坚，一个都不能少

2015年7月16日，习近平总书记在吉林考察时来到位于海兰江畔的延边朝鲜族自治州和龙市东城镇光东村，走进村民李龙植家。习近平说，这是他第一次到朝鲜族聚居区考察调研。当得知一些村民还在使用传统的旱厕时，习近平指出，随着农业现代化步伐加快，新农村建设也要不断推进，要来个“厕所革命”，让农村群众用上卫生的厕所。习近平指出，我们正在为全面建成小康社会而努力，全面小康一个也不能少，哪个少数民族也不能少，大家要过上全面小康的生活。

“广告精准扶贫”是中央广播电视总台针对全国脱贫攻坚任务较重地区推出的扶贫项目，在吉林省委宣传部、吉林省扶贫开发办公室的共同推动下，和龙辣白菜、龙井延黄牛、汪清黑木耳、安图蜂蜜和通榆丰小米的广告在总台13个频道，央广、国广和吉林广播电视台的7个频道、频率播出，广告唤起了全社会对脱贫攻坚战略的关注，帮助贫困地区提振了精神、树立了信心，真正为贫困地区的扶贫事业提供了有力支持，收到了良好的社会反响。

延边辣白菜，是吉林省延边朝鲜族自治州特产。据历史记载，朝鲜族先民们迁入中国境内的初期以垦荒为生。延边冬季较长，11月份入冬，4月份才开春。在这漫长的6个月里，辣白菜等传统泡菜是这个民族从食物中补充营养的主要途径。每到初冬季节，腌制辣白菜就成为朝鲜族人民的首要大事。吉林省延边朝鲜族自治州和龙市优渥的自然环境与村民独家的制作工艺使

得和龙辣白菜独具风味，深受顾客喜爱。和龙辣白菜在火热销售的同时，带动了地方旅游项目发展，成为真正的网红“带货官”。

2019年，和龙市金达莱村地窖辣白菜产品入选中央广播电视总台“广告精准扶贫”项目，并在总台13个电视频道，央广、国广、吉林广播电视台7个频道、频率和延边电视台3个频道播出。广告将和龙辣白菜的制作工艺、配料挑选、美食美味做了一一呈现，加以朝鲜族人民的风俗生活、和龙市的优美环境，全方位展现和龙辣白菜的无穷风味、美妙滋味以及当地引人入胜的自然风貌、风土人情。

广告的热播，不仅使金达莱村元池地窖辣白菜开始走进更多人的视野，让这些产品扩大了知晓率，提高了知名度，还有效地解决了和龙市地方特色农产品滞销的问题，进一步推动产品打开了外销渠道，让优质产品得以扩宽销路，提升了品牌知名度和市场销量。同时，金达莱村依托地窖辣白菜基地开启了以朝鲜族特色泡菜产品发展带动旅游项目，带动农民脱贫致富的新模式。

扫描二维码观看视频

广告精准扶贫

和龙朝鲜族辣白菜

第十节　四川省：革命老区的脱贫之路

“天府之国，蜀绣天下”，悠久灿烂的巴蜀文化、令人惊艳的自然风光、无比热辣的川味美食，都由四川省这美丽富饶的土地孕育。同时，这里还孕育出大凉山苦荞茶、通江银耳、广元猕猴桃等特色农产品，而这些特色农产品成为四川省革命老区脱贫之路上的重要助推器。

2019年是四川省“广告精准扶贫”项目实施的第一年，主要涉及大凉山苦荞茶、大凉山青花椒、通江银耳、甘孜松茸、德格虎掌菌、广元猕猴桃、广安龙安柚7个特色农产品，覆盖四川省脱贫攻坚的“四大片区”（秦巴山区、乌蒙山区、大小凉山彝区和高原藏区），涉及19个贫困县（区），26.6万贫困户，114.2万贫困人口。

在中央广播电视总台的大力支持下，四川省精准扶贫公益广告产品在总台各频道频率反复播放，产品在更广范围内提升了品牌知名度和市场认可度，推动了产品渠道裂变拓宽，市场区域从省内向国内外延伸，产业发展前景和市场前景更加广阔，为当地脱贫攻坚和群众生活奔小康作出了积极贡献。

一、“苦”尽“甘”来，凉山苦荞让村民生活甜起来

“世界苦荞在中国，中国苦荞在凉山”，四川省凉山州是人类历史有文字记载以来最早种植和食用苦荞的地方，也是世界苦荞麦的核心起源地和全球最大的苦荞麦种植中心。“实肠胃、益气力、续精神”，资源最丰富、种类最多样、种植最广泛、产量最领先，凉山苦荞茶让蜀地村民脱贫致富，生活甜起来。

2019年2月，四川省首个扶贫公益广告——《大凉山苦荞茶》篇在中央广播电视总台综合频道、经济频道、国际频道、新闻频道以及中国之声、经济之声等12个频率、46个广告时段重复播出，引起热烈反响。“金丝雀衔来一粒种子，结出了苦荞麦，从此彝族人在大凉山繁衍生息”，广告以传说故事为开篇，营造出神秘的氛围，增添了广告的观赏性。彝族歌声与凉山美景相呼应，彝语“大凉山苦荞茶，吉祥如意”的结尾，使得广告独具特色，让观众如身临其境、印象深刻。

扶贫产品公益广告的播放，提升了凉山苦荞茶的知名度与美誉度，一定程度上促进了产业品牌化发展，对产业发展起到了积极的宣传推广作用，有力助推了农民增收致富。同时，广告还激励了当地政府和干部群众以“广告精准扶贫”项目为牵引，联合品牌企业实施项目产业扶贫脱贫，鼓舞了贫困地区干部群众决胜脱贫攻坚、同步全面小康的志气和勇气。《大凉山苦荞茶》篇广告播出后，凉山州宁南县跑马镇色格村驻村第一书记蒲应兰主动与凉山州西昌市正中食品有限公司联系，希望在黑苦荞的生产、供应、深加工和销售方面开展战略合作，实现优势互补，为该贫困村的农村集体经济发展实现零的突破、百姓持续增收脱贫奔小康做出贡献。经过深度对接，该村立足于跑马镇拥有大面积优质黑苦荞的实际，推出了农村集体经济经营试点项目——跑马贫困村集体经济“彝之秀”黑苦荞护颈枕，从而带动了该村产业发展，为当地贫困群众脱贫致富找到了一条有效途径。

扫描二维码观看视频

广告精准扶贫
大凉山苦荞茶

二、不再“麻”烦，大凉山青花椒让村民喜上眉梢

“从深山里搬出的天然滋味”——大凉山青花椒主要产地在四川省凉山州腹地金阳县，金阳县独特的地形地貌和典型的立体气候以及充足的光热条件，赋予了金阳县青花椒颗粒硕大、麻味纯正、清香味浓、油脂含量高的独特品质，是川菜不可或缺的主要配料和调味佳品。金阳县也因此被授予“中国青花椒第一县”“中国青花椒之都”的荣誉称号。麻香四溢的大凉山青花椒让凉山村民不再为生活烦恼，美好生活让他们喜上眉梢。

“没胃口啊？”“试试大凉山青花椒的独特味道吧。”广告以友人点餐作为开篇，独具风格。现实与想象相结合的方式，在侧面展现青花椒麻香四溢特点的同时，带领观众了解大凉山青花椒的生长环境、品质特点、培育方式，感受“从深山里搬出的天然滋味”。结尾配以食客品尝表现，更突出了青花椒“麻上舌尖，飘飘欲仙”的美味呈现。

依托中央广播电视总台的优质品牌资源和宣传平台的强大传播影响力，大凉山苦荞茶和青花椒的知名度和美誉度大大提升，广大消费者对青花椒的认知度提高了，他们的购买欲也被激

发出来了。精准扶贫广告推动了大凉山青花椒和苦荞茶产业的发展，产业、实体、农户都得到了实惠，宣传促销活动取得了明显成效。“过去，住的是土坯房，上面盖着茅草，外面下大雨，屋里下小雨。”金阳县老党员地色拾乐呵呵地说：“如今，住上了好房子、过上了好日子、养成了好习惯，像我这样患病的人得到及时治疗，幸福地生活着。这些都是党和政府给的，感谢共产党，感谢扶贫好政策。”

扫描二维码观看视频

广告精准扶贫

大凉山青花椒

后记

本本书付梓之时，全国脱贫攻坚总结表彰大会已在北京隆重举行。中共中央总书记、国家主席、中央军委主席习近平向全国脱贫攻坚楷模荣誉称号获得者颁奖并发表重要讲话。总书记庄严宣告，经过全党全国各族人民共同努力，在迎来中国共产党成立一百周年的重要时刻，中国脱贫攻坚战取得了全面胜利。

一部中国史，就是一部中华民族同贫困作斗争的历史。

我们非常有幸见证并参与了精准扶贫这样一项伟业，非常有幸见证并参与了打赢脱贫攻坚战这样一场彪炳史册的奇迹。2018年中央广播电视总台成立不久，中宣部副部长、总台台长慎海雄就提议召开了“广告精准扶贫”交流会，把发端于2016年的“广告精准扶贫”项目骤然提升到了一个全新高度。正是通过这次会议，“广告精准扶贫”项目覆盖范围和投入稳步扩大，合作省区市由8个扩大至23个省（自治区、直辖市）和新疆生产建设兵团；播出平台由中央电视台5个频道扩大至15个，并且延伸至中央人民广播电台、中国国际广播电台以及央视网、央广网、国际在线等融媒体传播矩阵，总台以“广告宣传也要讲导向”的政治站位更加旗帜鲜明地服务国家战略，为数千万人摆脱贫困作出媒体人的努力。

“广告精准扶贫”是我任中央电视台广告经营管理中心主任时策划组织做的一项工作，我们专门组建了专兼职团队与各省区市党委宣传部门建立系统而规范的合作模式，执行这项全新的广告公益传播活动。在总台领导支持和赋能后，它已然由一个部门项目跃升为一个更有高度更有广度更有效力的媒体行动。我们在地方党委宣传部门的配合支持下，一次次走访各相关省区市贫困点，实地探察思考媒体究竟能在脱贫攻坚中为国家、为地方、为老百姓做些什么；我们不断调整优化“广告精准扶贫”项目的帮扶内容，在点滴工作中真切践行“脚力、眼力、脑力、笔力”；我们更时刻牢记习近平总书记倡导的“功成不必在我，功成必定有我”的重要指示，驰而不息地推进“广告精准扶贫”这项媒体人不曾如此持久且大规模从事过的媒体行动。截至2020年年底，“广告精准扶贫”项目累计为23个省区市和新疆生产建设兵团的216种农副产品免费播出广告片716.6万秒，投入广告资源总价值达74.9亿元，惠及387万贫困户、1478万贫困人口。

总台“广告精准扶贫”项目作为中国反贫困的媒体实践，很快带动了全国各类媒体机构纷纷以自己的方式参与到精准扶贫实践中。23个合作省区市所辖媒体几乎全部开出了自己的广告扶贫专栏，但总台“广告精准扶贫”所具有的原创性、示范性、引领性、权威性、影响力，以及规模和效率所体现出的价值，使之成为中国反贫困光辉伟业中独具特色和拥有独特力量感的一支生力军。

无论是从决战脱贫攻坚还是从媒体社会责任的角度，我们都觉得十分有必要对发端于总台、勃兴于传媒界的这场反贫困媒体行动做一次总结梳理并引发媒体人的思考，以总台的实践为例，存档历史，照见未来。为保证客观性，增强学术性，我们与中国传媒大学紧密合作，成立“广告精准扶贫研究课题组”，共同完成课题撰写。中宣部副部长、中央广播电视总台党组书记、台长兼总编辑慎海雄对课题给予指导和肯定，令课题组的这一研究成果有机会刊行成书。

藉此，我要向中央广播电视总台和各相关部门领导表示最诚挚的致敬，是你们秉持的家国情怀和对“国之大者”的深刻理解，让这个项目得以落地生根、开花结果；是你们的大度褒奖和无私支持，让我们参与到国家重要的历史进程中，躬逢其盛，与有荣焉。

我要向总台相关频道、频率、网站等部门参与到“广告精准扶贫”项目执行的工作人员致敬。是你们过去5年与总经理室同仁一道坚持不懈的努力和奔跑，为中国反贫困留下了属于中央广播电视总台的独特实践，作为中国反贫困媒体行动中最耀眼的亮色，它同样属于全体媒体人。

我要向23个省（自治区、直辖市）和新疆生产建设兵团宣传部门协同开展这项工作的每一位致敬，是你们具体而专业的配合让这个项目成功推行，惠及全国数千万人，帮助他们脱离贫困，让他们看见幸福的模样。

我要向中国传媒大学团队表示最真挚的感谢。作为教育部新闻传播学科评估全国排名第一的大学，中国传媒大学新闻传播学部部长高晓虹教授亲自担纲课题组的首席专家，对项目的基调、方向进行把关，赵淑萍、田香凝等师生团队与总台总经理室团队高效协同，在相当短的时间里高质量完成了本书内容的统筹规划和撰写，中国传媒大学出版社团队则以“超速”状态完成了本书的出版工作。

书写人类反贫困斗争历史的只有人类自身。而迄今为止，写得最好的那一篇章是关于中国的，其中的主角是伟大的中国共产党和伟大的中国人民。中央广播电视总台始终走在党的宣传战线的最前沿，以人民为中心，见证历史，记录历史，也在历史中留下自己的印记。本书就是一枚小小的印记。

需要指出的是，限于时间和水平，本书的撰写难免有所疏漏和缺憾，敬请读者批评指正。

任学安

2021年3月2日 于北京

中央广播电视总台召开广告精准扶贫工作交流会

中央广播电视总台与各省（直辖市、自治区）签订广告精准扶贫项目

▲ 中央广播电视总台与各省签订2019年度广告精准扶贫项目

▲ 中央广播电视总台与各省签订2020年度广告精准扶贫项目

▲ 广告精准扶贫与贵州省签约

▲ 广告精准扶贫与福建省签约

▲ 广告精准扶贫与陕西省签约

▲ 广告精准扶贫与新疆维吾尔自治区签约

▲ 广告精准扶贫与湖南省签约

▲ 广告精准扶贫与云南省签约

▲ 广告精准扶贫与重庆市签约

▲ 广告精准扶贫与宁夏回族自治区签约

▲ 广告精准扶贫与青海省签约

▲ 广告精准扶贫与内蒙古自治区签约

广告精准扶贫调研组走访贫困地区和贫困户

▲ 调研组走访贵州遵义市湄潭县茶农

▲ 调研组在重庆开县果园调研

▲ 调研组与湖南古丈县委领导、茶企代表、农户座谈

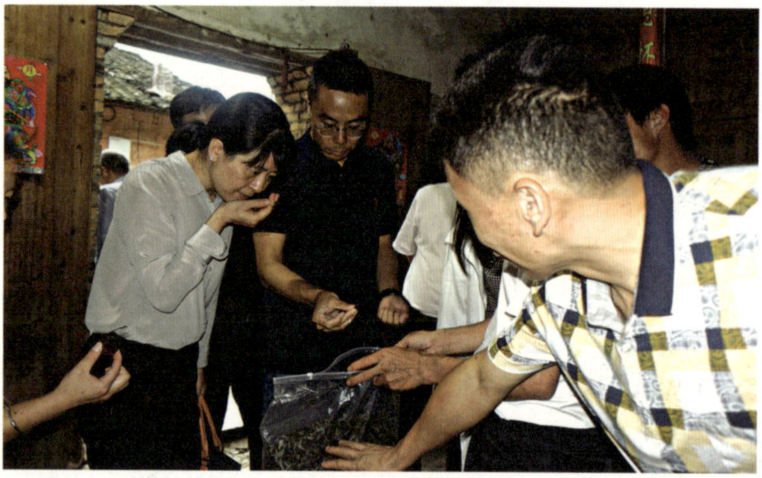

▲ 调研组在福建茶农家调研

▲ 调研组与贵州省从江县椪柑农户座谈

图书在版编目(CIP)数据

中国反贫困的媒体行动：以中央广播电视总台的实践为例 / 广告精准扶贫研究课题组著. -- 北京：中国传媒大学出版社，2021.3
ISBN 978-7-5657-2902-7

Ⅰ. ①中… Ⅱ. ①广… Ⅲ. ①扶贫—公益广告—案例—中国 Ⅳ. ①F713.842

中国版本图书馆 CIP 数据核字(2021)第 034405 号

中国反贫困的媒体行动——以中央广播电视总台的实践为例
ZHONGGUO FANPINKUN DE MEITI XINGDONG——YI ZHONGYANG GUANGBO DIANSHI ZONGTAI DE SHIJIAN WEILI

著　　者 广告精准扶贫研究课题组
策划编辑 曾白凌　程　平
责任编辑 程　平　姜颖昳
责任印制 阳金洲
封面设计 大鹏设计

出版发行 中国传媒大学出版社
社　　址 北京市朝阳区定福庄东街 1 号　**邮　　编** 100024
电　　话 86-10-65450528　65450532　**传　　真** 65779405
网　　址 http://cucp.cuc.edu.cn
经　　销 全国新华书店

印　　刷 北京中科印刷有限公司
开　　本 787mm×1092mm　1/16
印　　张 12
字　　数 129 千字
版　　次 2021 年 3 月第 1 版
印　　次 2021 年 3 月第 1 次印刷

书　　号 ISBN 978-7-5657-2902-7/F · 2902　**定　　价** 68.00 元

本社法律顾问：北京李伟斌律师事务所　郭建平